「株デイトレ」の鬼100則

石井勝利
Katsutoshi Ishii

明日香出版社

まえがき

株式投資のスタイルは様々あるが、今、一番熱いのは、「デイトレード」である。

古い言い方をすれば、「日計り商い」と言うべきか。

「オーバーナイト」、すなわち、その日の資金を株式市場に残すことをしない。翌日は、改めて、その日にチャンスの最も大きい銘柄を選択して、勝負する。

これは今や、個人投資家の大半が行っている投資スタイルだろう。

15年ほど前からもてはやされてきたが、乱高下の激しい昨今の相場では、一層このトレードの技に慣れることが必要になる。

東京の相場環境が良くても、上海、ロンドン、NYと相場が回るうちに、いかなる材料が飛び出すかわからない。

好悪双方で、だ。

株式投資はもともと、ハイリスク・ハイリターンではあるが、リスクは最小限にして、リターンを得ておきたいものである。

そのために、翌日になるべく持ち越さない。ポジションを毎日、空にする。常に、夜間は現金を自分の口座の中に置く。超短期のトレードが必要になる。

このスタイルの売買では、当然ながら、チャートを重視する。板もしっかり読む。

この際のチャートは、主に5分足である。

たかがチャート、されどチャート。

5分の間に変化していくローソク足のダイナミズムを見て、的確に入り、利幅を取ったらさっさと出る。

この技術を極めることが大切である。

格段に勝率を上げ、チャンスをものにできる。

間違っても、高値に飛びつき、下落で売る過ちはしないで欲しい。

本書はそれをしないための「鉄則の書」なのである。

本書では、デイトレードに適した、その日の値動きのチャート変動の読み方と、板情報の感じ方について、経験に基づいて解析し、トレードの判断に資したいと考えた。どうか、賢く活用して、トレードの成果を格段に上げて欲しい。

石井勝利

２０２０年初夏

※本書では特定の銘柄・取引を推奨するものではございません。取引に当たっては、ご自身のご判断でお願いいたします。売買で被られた損失に対し、著者・版元は何らの責任も持ちません。

株「デイトレ」の鬼100則　もくじ

序章

修羅場で儲けるデイトレ

第1章

デイトレは瞬間の勝負だ

第2章

流れを読み仕込みのチャンスを窺《うかが》う

第3章

トレードの裏にひそむ仕手筋の思惑を見抜け

第4章

儲かるテーマと銘柄をつかむ

第5章

いざ、勝負の朝

第6章

ローソク足の中に上げ下げの需給がある

第7章

上げのテクニカル10の法則

第8章

下げのテクニカル9つの特徴

第9章 板情報を見極める

第10章 デイトレでも日足を読んでおく

終章 スイングも活用して値幅を取る

カバーデザイン：krran　西垂水　敦・市川　さつき
チャート提供　：株探

序章

修羅場で儲けるデイトレ

夜明け前が一番暗い。

この世界に安全などない、チャンスがあるだけだ。

ダグラス・マッカーサー

鬼100則 01

感覚を研ぎ澄まし相場に向かう

株式の売買は、一つの戦争であり、闘争だ。

相手がおり、売買の中でお金をいかに確保できるかの問題である。

戦いなので、体力、精神力は万全にしなければならない。

株価は市場が開いているときは、刻々と変化して、止まらない。

その変化の中で利幅を取る。

兼業投資家には極めて不利な戦いだが、トレードは、朝の9時から午後の3時までフルでやる必要はない。

可能な時間だけ参加して、それぞれの銘柄の変動の果実をいただく。

研ぎ澄まされた精神状態で、相場に向き合う気力が大切である。

あなたの体調が悪ければ、戦う前にトレードは失敗に終わると思っておけば良い。

株価の変動に素早く反応できることが勝利の第一条件である。

4563 アンジェス

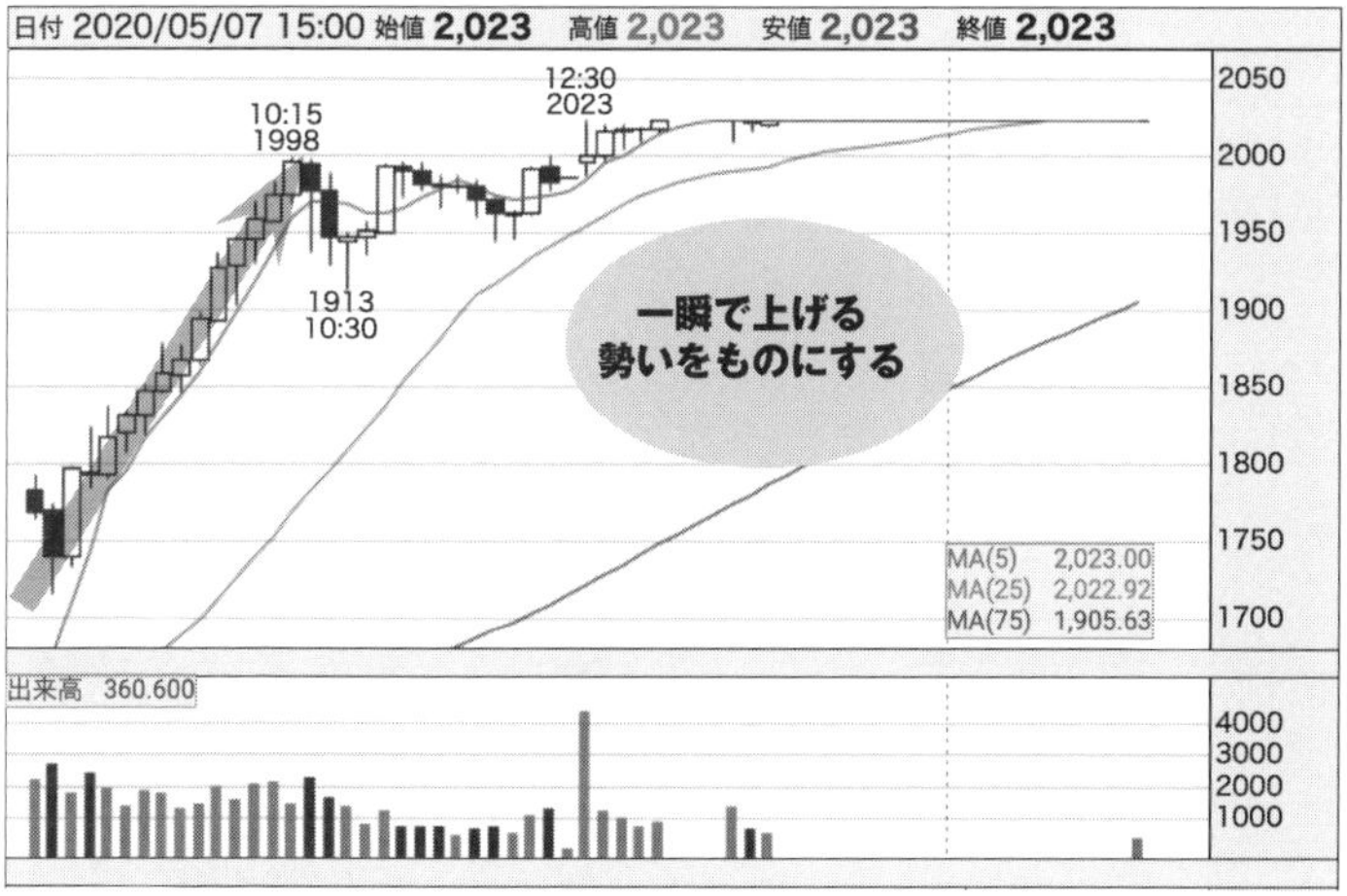

6095 メドピア

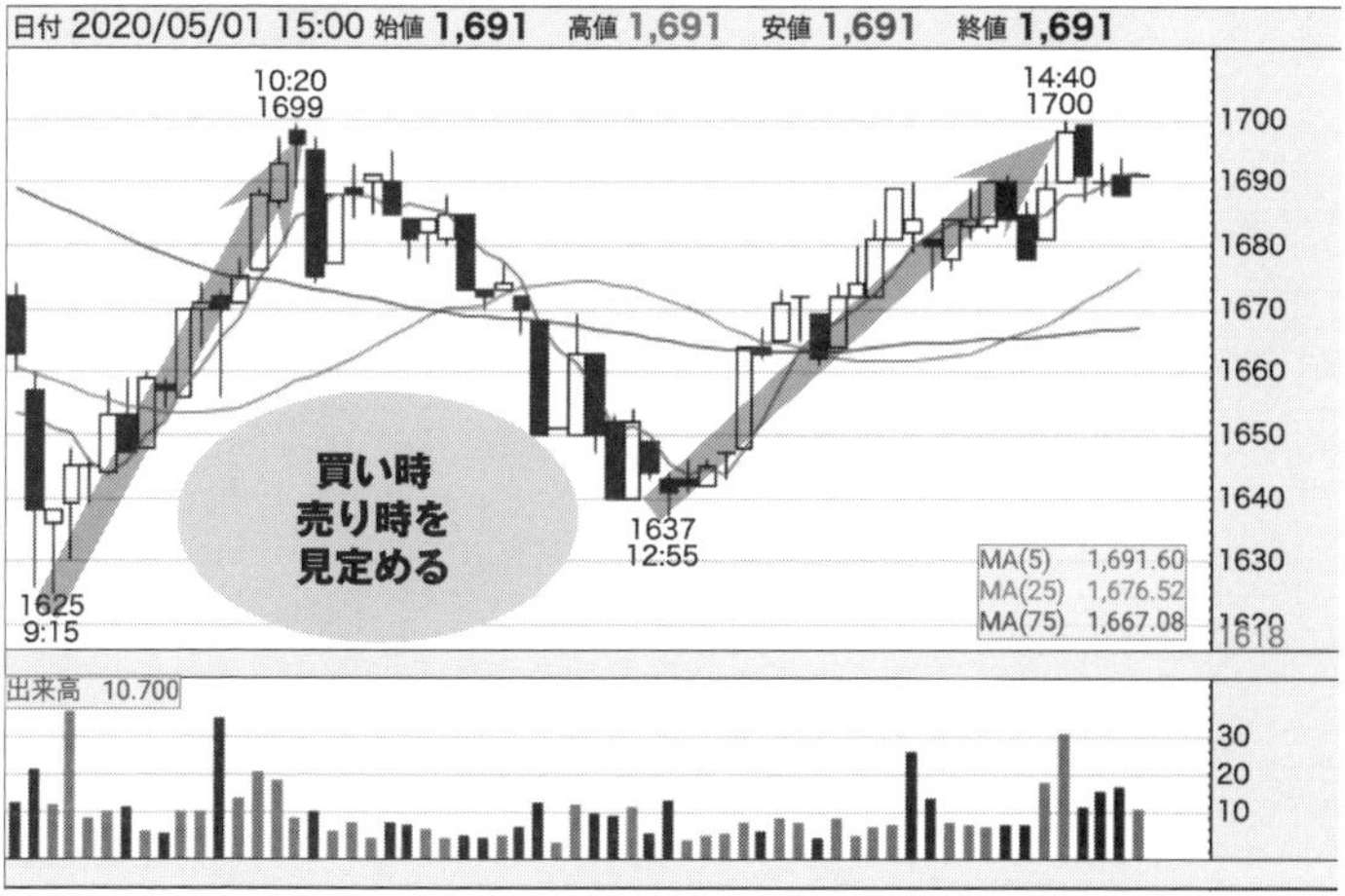

※本書では、断りのない限り５分足チャートを掲載しています。
「株探」https://kabutan.jp

鬼100則 02

仕込みで負けないことが全て

デイトレで勝ち切る第一の基本は「負けないこと」である。

買うポイントを常に有利に置かねばならない。慌てて仕込めば、含み損の憂き目に遭い、損がどんどん膨らむ。

それを避けるために、ここに挙げたように、5分足の動きの中で、**「押し目」仕込み**に徹したい。

銘柄は、今はやりの「オンライン教育」関連だが、日足でもわかるように1日の動きで値幅が大きい。

目立つのは、**「上ヒゲ」**である。

これは注意したい足である。

6096 レアジョブ　日足

上ヒゲの頂点で買えば、デイトレではチャンスがない。

この日の5分足でも、その癖が出ている。

朝からいきなり、勢い良く上げてきたが、やがて、上にヒゲが出て、上値限界。

そこから、じりじりと下げる。

この銘柄は、一時、3000円近辺の株価があったので、上値では「やれやれ」の売りが出やすい。

上値の重い銘柄と言える。

いかに、トレンドの銘柄でも、その**銘柄の癖をあらかじめ調べて、有利なところで仕込む**。

これがデイトレでも、スイングでも勝ち切るための売買の基本である。

重い上値の癖はつかんで臨みたい。

6096 レアジョブ

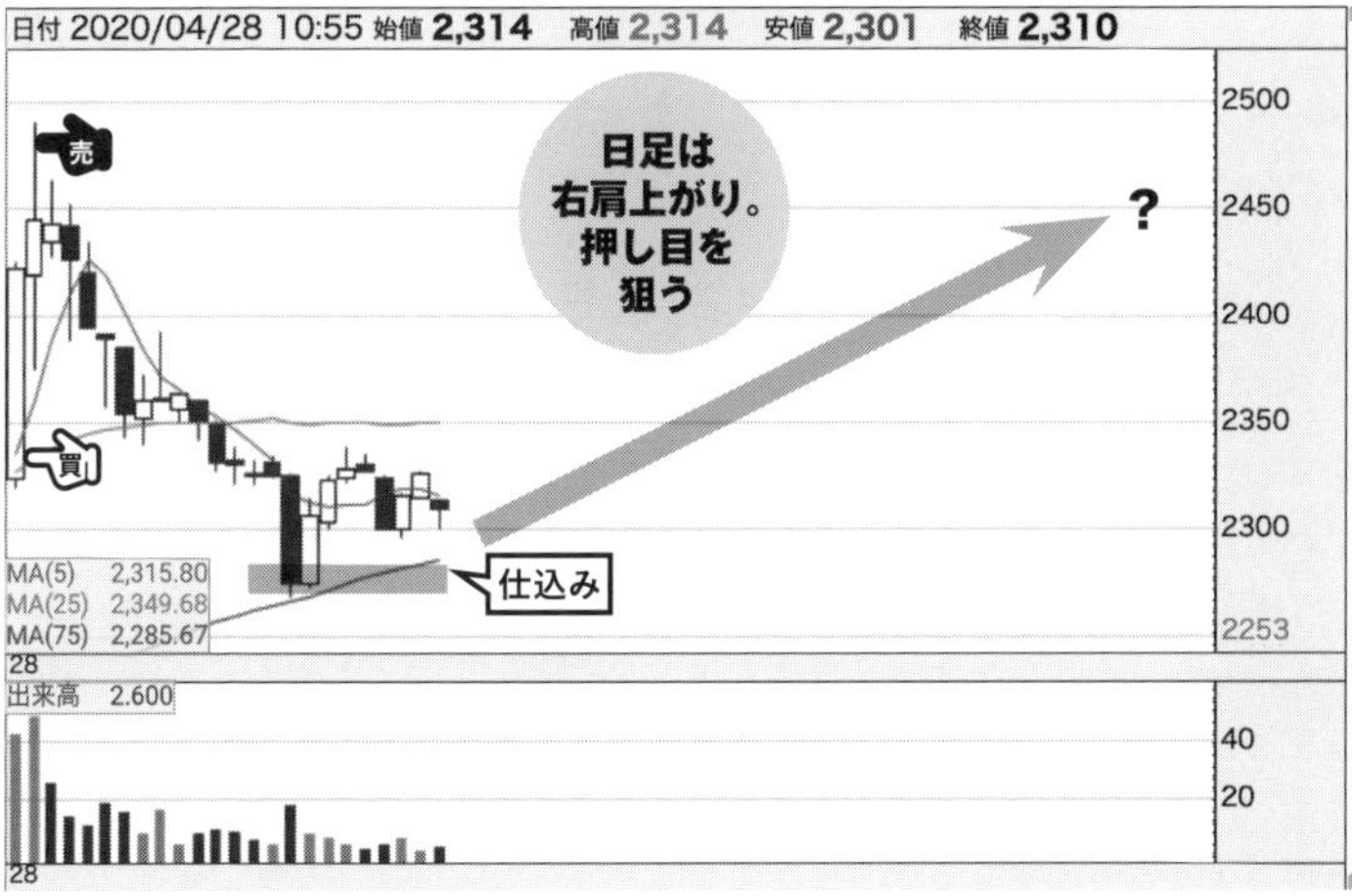

「株探」https://kabutan.jp

鬼100則 03

リスク回避のための「逆指値」は必須だ

株価の一寸先は誰にもわからない。

「相場は相場に聞け」は事実である。

ここに挙げた銘柄は、新型コロナウイルスの治療薬アビガン向けの関連原料を供給するという情報で、いきなり、大きな出来高で上げた。

その日の夜間取引（ＰＴＳ）では、ストップ高を付けた。

「これは行くな」そう誰もがほくそ笑んだだろう。

ところが翌日、朝一番こそ高く始まったが、「ストップ高」どころか、じりじりの下げ。

まさに、見掛け倒しである。

株価は低位なので、１０００株、２０００株などを仕込んでいれば、あっという間に、大きな含み損となる。

仕手筋や大手の仕掛けで、予想外の動きになりやすいのだ。

そこで、デイトレでは、すぐに逃げられるように**「逆指値」をセット**することをお勧めする。

私は、通常**10％の下落で切る**ことにしているので、４００円の株価ならば、40円のマイナスで反対売買を行う。

４００円で仕込んだ株価が10％落ちてしまえば、１０００株で４万円の損である。

それ以上の損にならないように、しっかり逆指値を設定する。

デイトレでは、５％、すなわち４００円ならば20円の下落で逃げる方が良いだろう。

有望な銘柄は、予想通りに動けば、それほど落ちずに上値を追うものだ。

予想外の下げはそれなりの銘柄。

あきらめる方が良い。

8285 三谷産業

「株探」https://kabutan.jp

鬼100則 04

上値での利益確定も「指値」が賢明だ

昨今の株価は、急騰急落が起きやすい。

どのような値動きでも、したたかに利益が上げられるように、仕込んだ後すぐに、ある程度の値幅に売却の株価を設定しておきたい。

それが、上げ下げの激しい値動きでも、抜け目なく利益を取る重要要素だ。

上げたら売り、下げたら仕込む。

この賢い設定こそ、デイトレ成功のカギである。

株価は、外部環境の影響も受けながら、激しく動く。

せっかくの含み益も、のんびりしていれば、我が

6857 アドバンテスト　日足

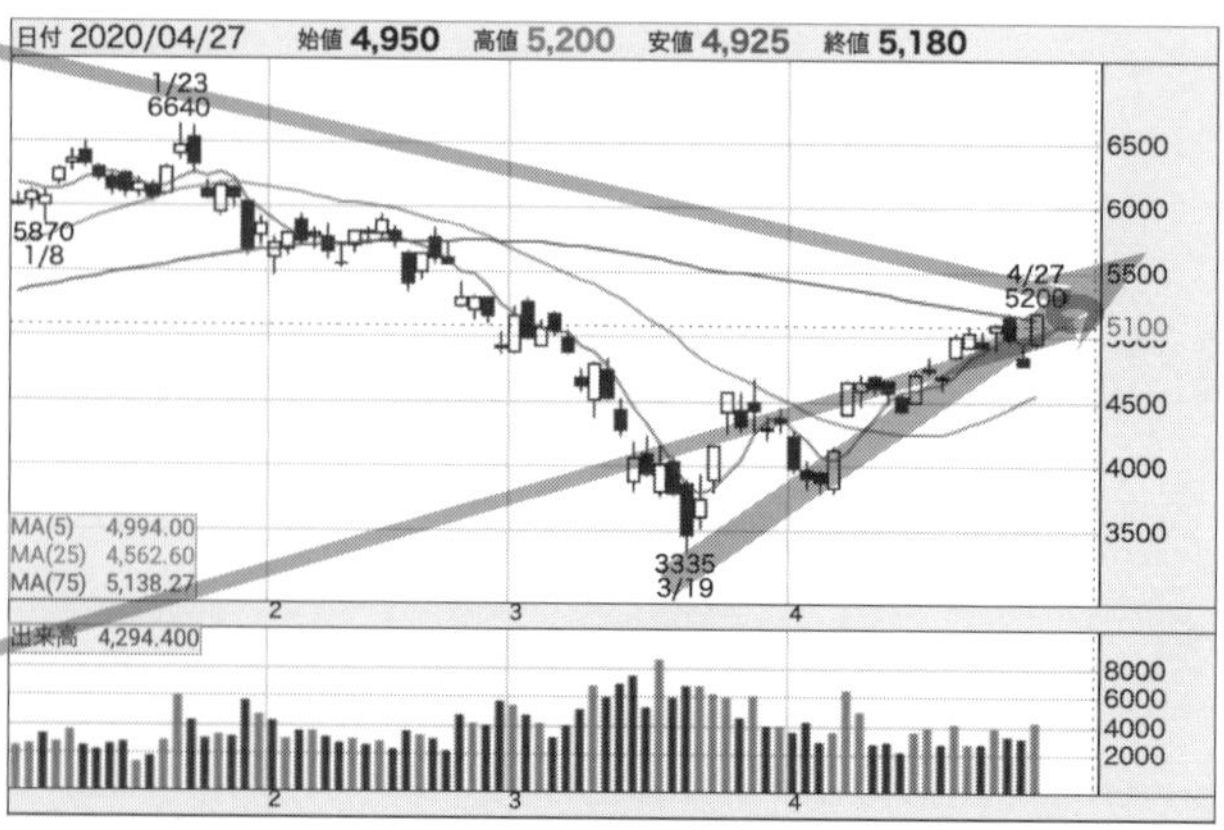

ものにはならない。

パソコンやスマホの設定で、勝手に利益を積み重ねられるように、**きめ細やかに網を張っておきたい**。

これはデイトレの基本中の基本である。

株価の動きを眺めているだけでは、望ましい成果は上がらない。

大口のトレーダーは、細かい値動きでしっかり稼いでいる。個人投資家がデイトレに臨むからには、それに臆しない、細やかな設定で、株価の振幅をいただきたいものだ。

上値に指値するのは、売買のバランスで、株価が上に飛んだ時に、抜け目なくその値幅をいただく大切な方法である。

6857 アドバンテスト

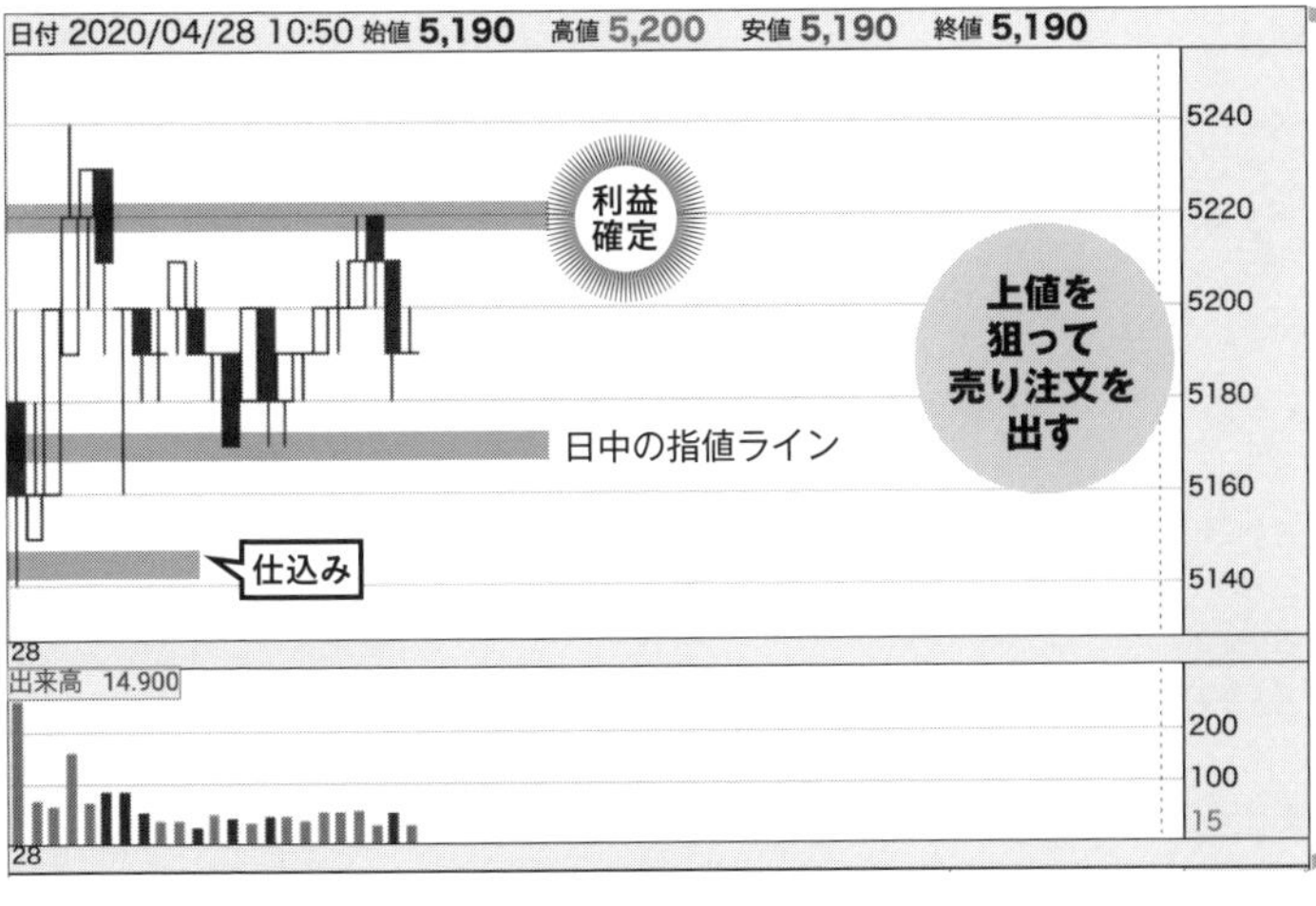

朝一の仕込みは「有利な株価」に設定する

毎朝、寄り付き前に銘柄を仕込むが、その指値の配置の仕方が大切である。

前日やＰＴＳ（夜間取引）の様子で、株価に勢いがあると、ついつい買わなければと焦り、「成り行き買い」の注文を入れがちだが、これは「入り」で早々にハンデを持つようなものだ。

「これは買えなくても、ほかがある」

「今日買わなくても明日がある」

そう考えて、複数銘柄で有利に仕込むべきである。

仕込みのコツは、**予想の寄り付きの株価よりも、若干、低く設定**すること。

9101 日本郵船　日足

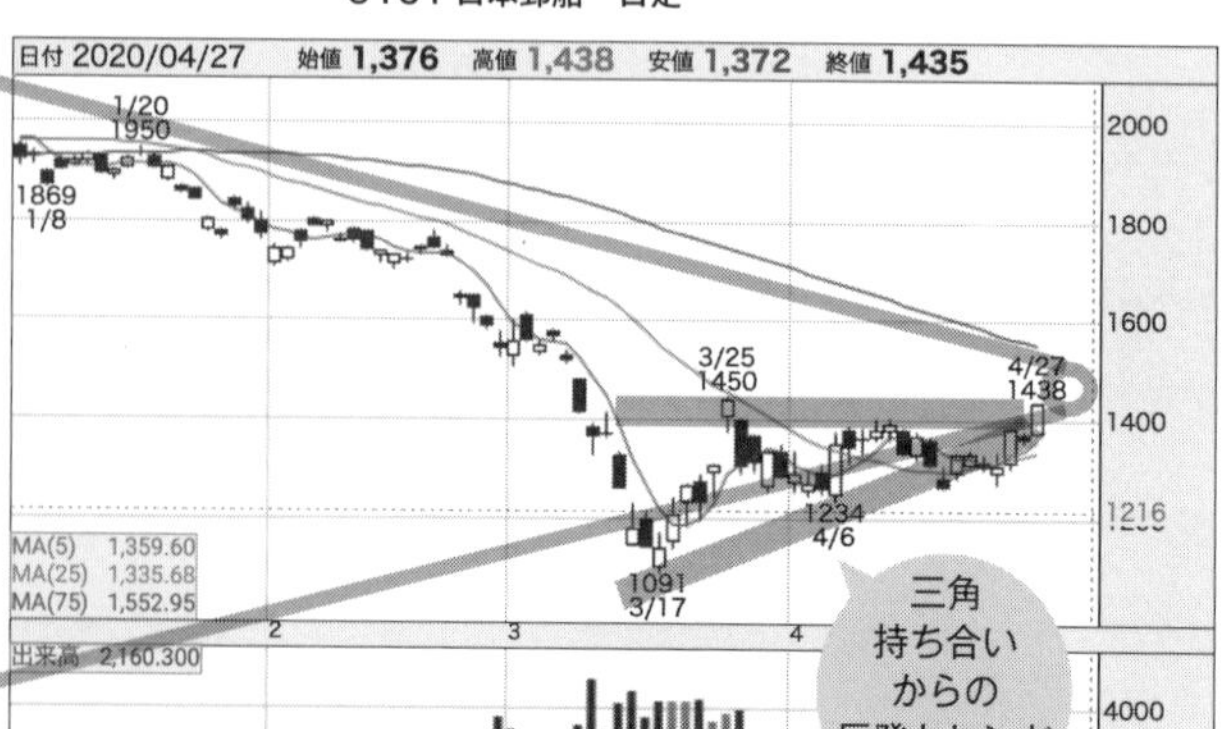

さらに、**「ここまで下がらないかも」**と危ぶま**れる株価にも**這わせる。ダメもとで良い。

それでも、株価は思ってもみない低いところまで、売られることもある。

その株価の「押し」をしっかりといただく**抜け目なさ**で、デイトレでの成功を得られる。

「この銘柄が欲しい」という一心で、「飛びつき買い」「成り行き買い」をすると、含み損を抱える「敗者のトレード」の悪しき習慣となる。

仕込み方で、最初から「アドバンテージを持つ」。勝つための投資は、できるだけ安く仕込むことが不可欠だ。

いかに欲しい銘柄でも、落ち着いて下値に這わせた指値で待ち構えて手に入れよう。

これは、デイトレスタートの基本である。

9101 日本郵船

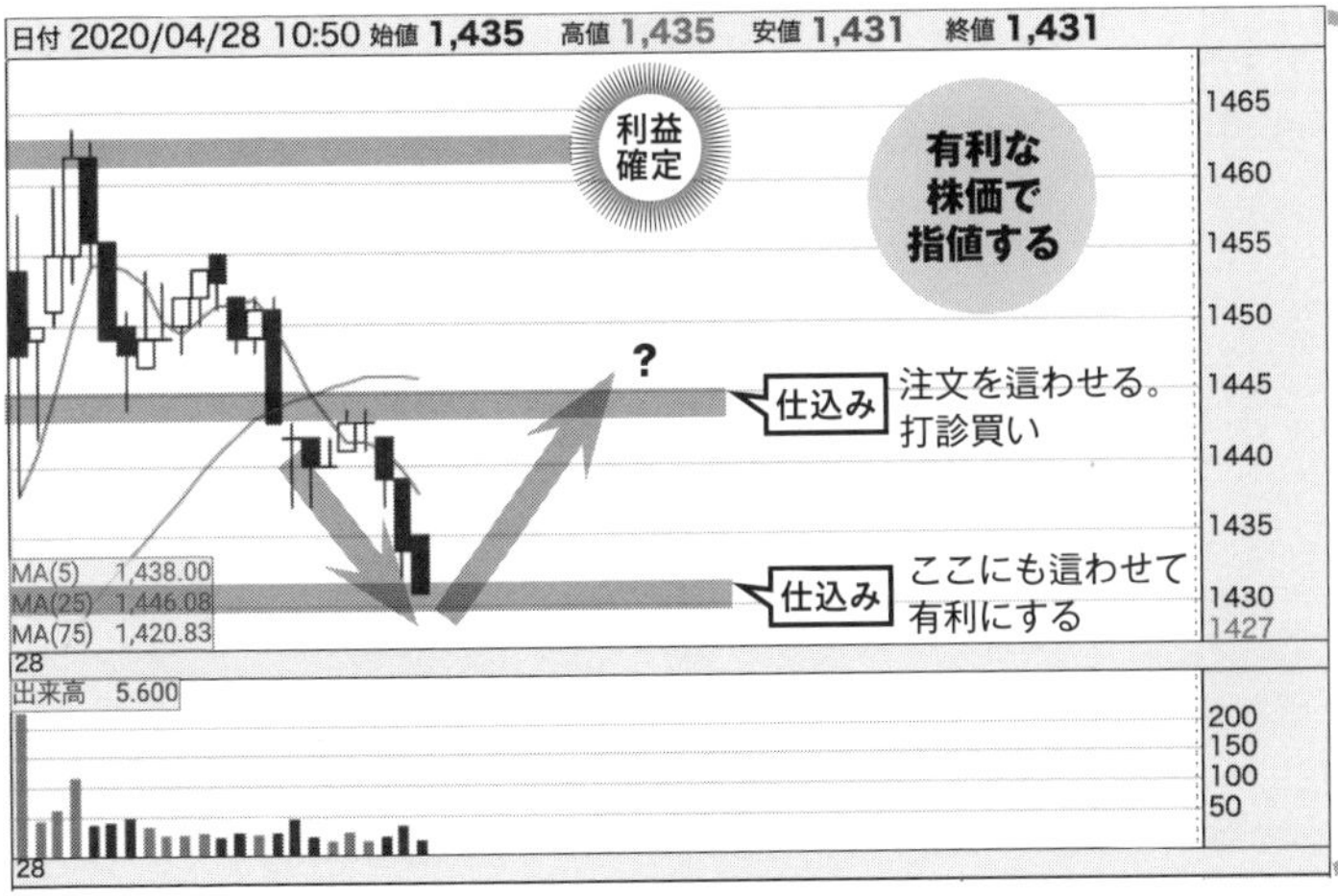

「株探」https://kabutan.jp

鬼100則 06

上値追いの動きは「回転商い」で稼ぐ

デイトレで一番美味しいのは、上値を追う「回転商い」である。

前日に、意外に好調な決算の発表があったこの日。

朝から強い気配。

かといって、始値が大きく飛ぶわけでもなく、まずまずのスタートだ。

「これは美味しい」

ということで、画面に向き合う。

運良く株価は上げトレンド。

イケイケとなる。

しかし、過信は禁物。一旦、指値の利益確定を這

4062 イビデン　日足

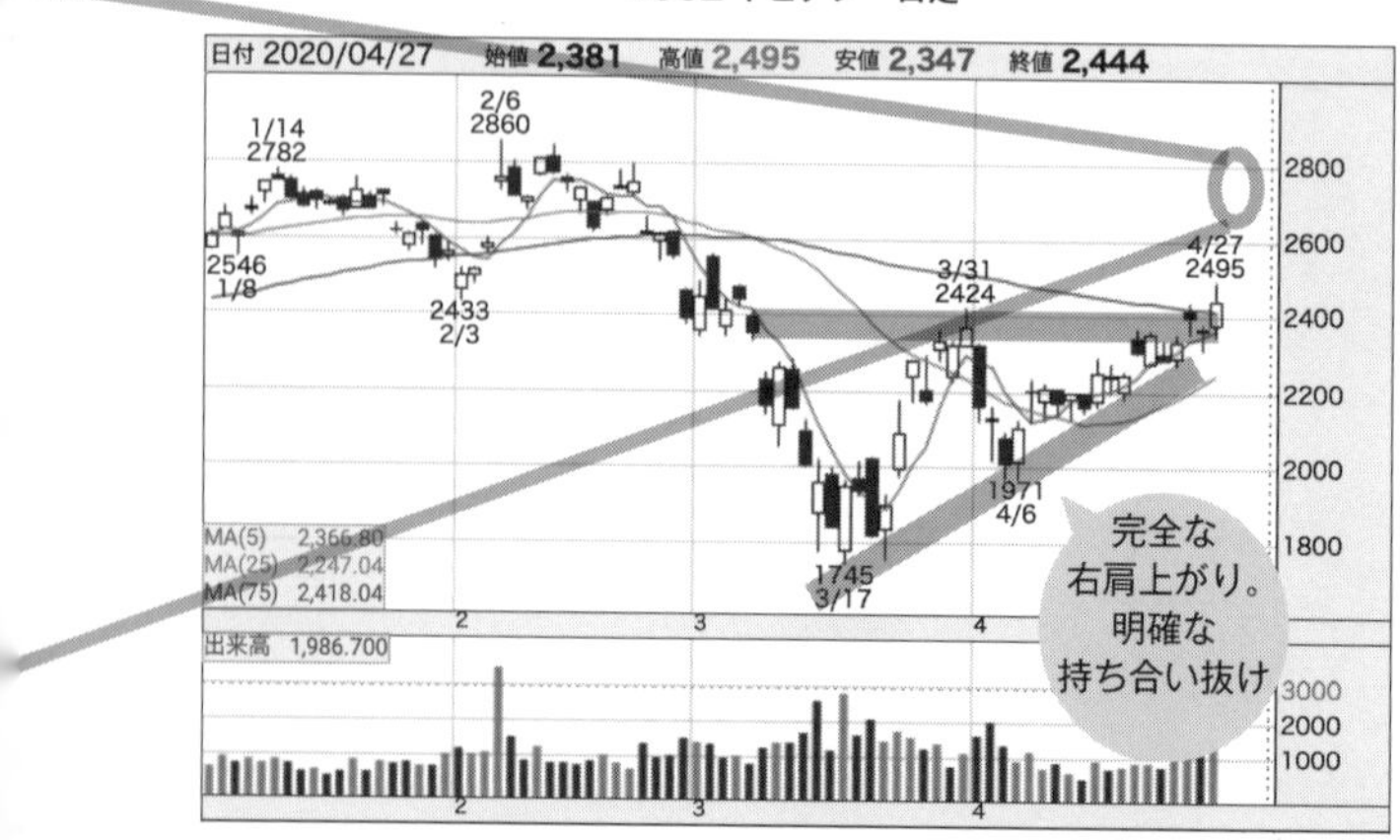

わせる。

ややあって「押し目」形成。

ここで、再び入る。

その後に株価は伸びる。

理想的な、右肩上がりの5分足。

このような動きでは「買って売る。買って売る」の繰り返し。

いわゆる「回転商い」で、確実に利益を積み上げていく。

デイトレでは、一番美味しい方法である。

このような理想的な銘柄もあるので、陽線が多く、徐々に上げる癖の銘柄には、うまく付き合いたい。

株価の癖を読んでいけば、それだけ成功率が高くなる。

4062 イビデン

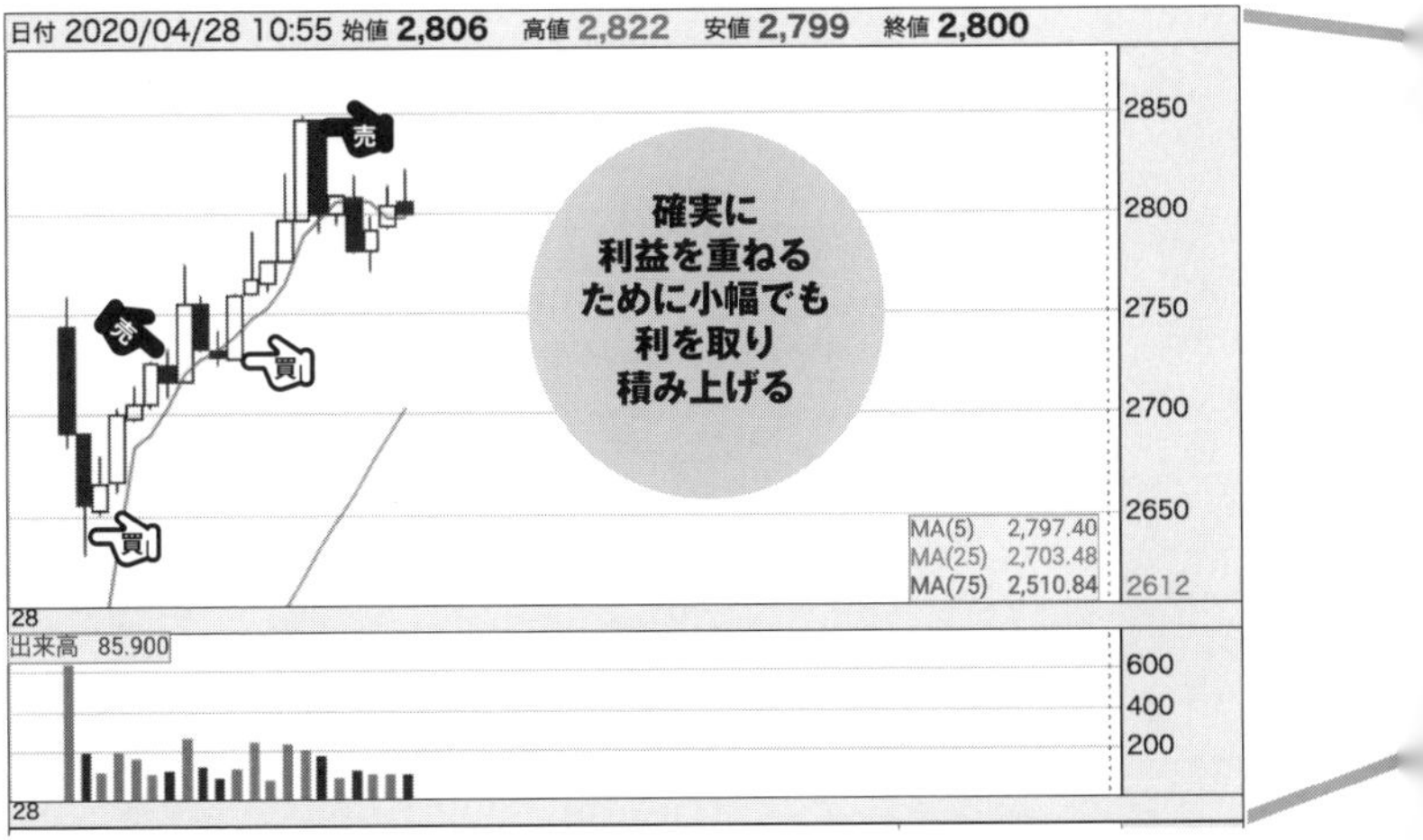

「株探」https://kabutan.jp

第1章

デイトレは瞬間の勝負だ

今を戦えない者に、
次や未来を語る資格はない。

ロベルト・バッジョ

金は火によりて試され、
勇者は逆境にて試さる。

セネカ

鬼100則 07

固定観念を捨てろ

株式のトレードで、捨てなければならないのは、「固定観念」「下手な経験値」だ。

「あの時はこうだった」

「この銘柄はついていない」

「この銘柄は得意だ」

というような先入観である。


確かに、経験値が高ければその銘柄や相場環境を読むうえでは、一種の癖がわかるので、知らないよりは良いだろう。


しかし、大きく世界が変わる時には、逆に妨げになる場合が多い。

正しいのは、目の前の相場である。

「相場は相場に聞け」だ。

いかに理屈をこねまわしても、目の前の相場を覆すことはできない。

株価はあらゆるファクターを織り込む。

人間の精神状態、様々な経済事象、紛争・対立、相場、事件……

これらをすべて背景にして、株価は形成される。その動きに柔軟に対応して、初めて望ましい成果が得られる。

「巣籠もり」で急に動意を示した運輸は目が離せなくなった。以前は人件費や燃料高騰で目も当てられない状況であったのが一変した。

あなたの固定観念を捨てる時だ。

9090 丸和運輸機関　日足

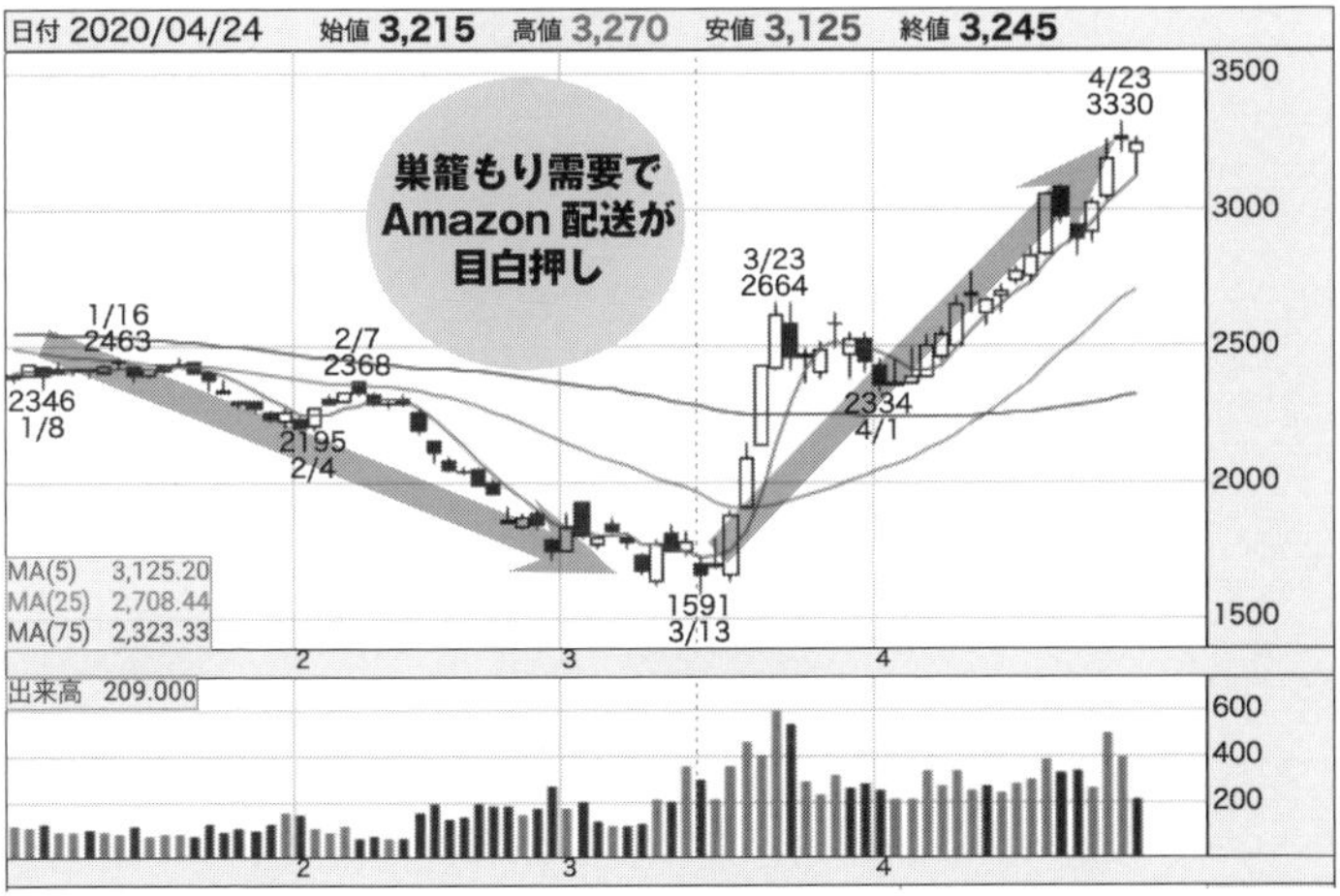

「株探」https://kabutan.jp

鬼100則 08

現状から次の瞬間の予測を

今の相場の先に何があるのか。

相場に取り組むには、これを予測するスキルを持つことが絶対条件である。

過去の相場は、過ぎ去ったもので、投資には可能性はない。

今の先に起きる相場の変動こそが、我々に、利益を確保させてくれるチャンスをもたらす。そして市場の注目は猫の目のように変わる。


今の相場の位置、全体の流れの中で、何処にあるのか。

個々の銘柄の人気度やテーマ性を何処まで把握しているか。

これが、大切な要件である。

個々の相場は、ある程度、全体相場に影響される。

相場参加者のマインドに影響するからだ。

その全体相場が、昨今は波乱含みだ。

その中で、**チャンスの多い銘柄群を見極めておき、今の相場での変動を比較的正確に予測できれば、その変動幅をうまく活用して利益を上げられる。**

何の裏付けもなく、情報に踊らされて勘で行うようなトレードの確率は極めて悪く、勝率は低い。

全体の勝率が下がり、結果的には含み損の深みにはまることになるだろう。

株価の趨勢を読み切る情報戦略が極めて大切である。

コロナ禍一色の中で次の銘柄群が芽吹いていることに気付きたい。

6095 メドピア　日足

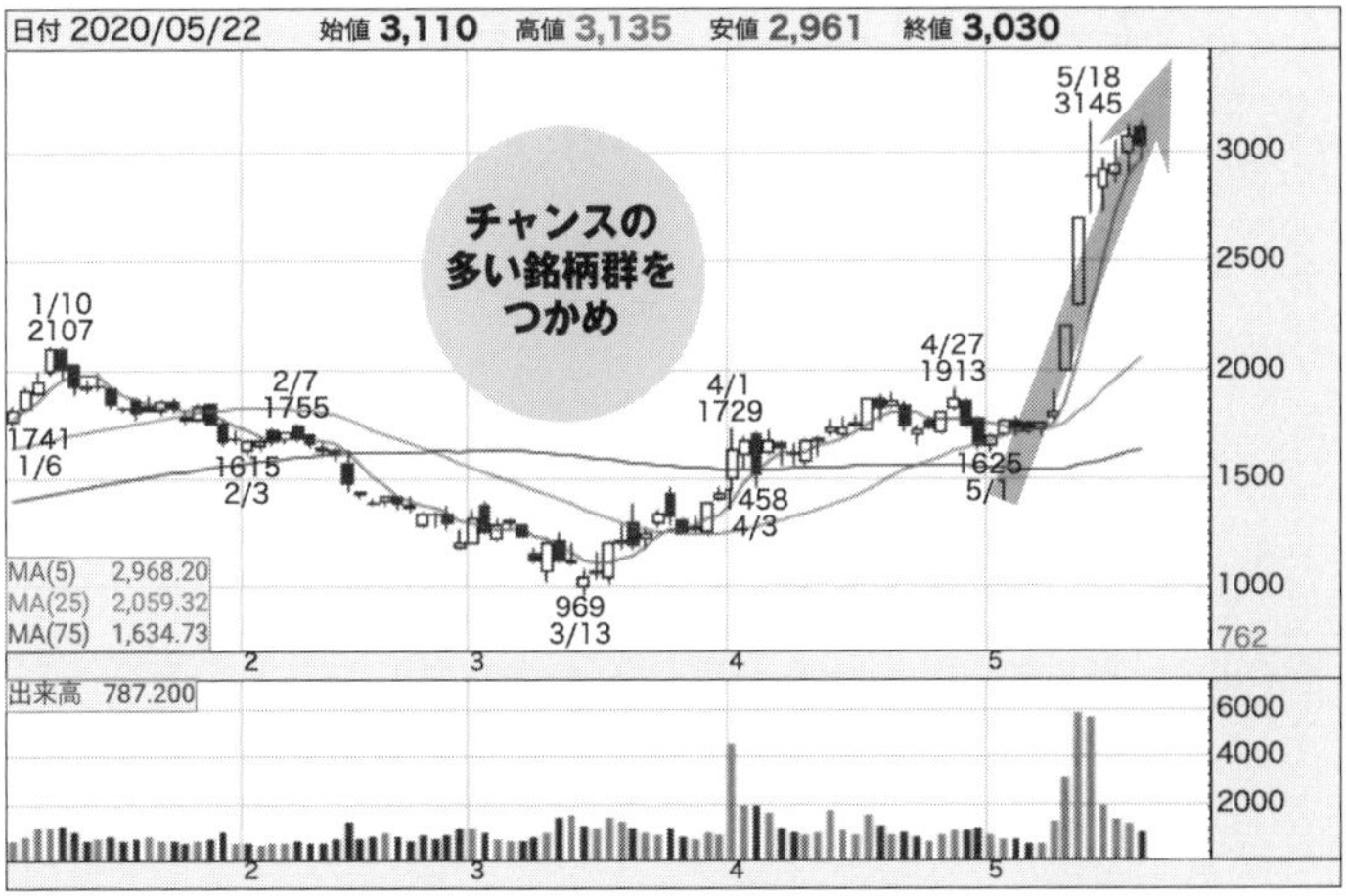

「株探」https://kabutan.jp

鬼100則 09

時間が許す限り挑戦する

修羅場とも言える株式投資だが、証券会社のサイトにログインできれば、売買が可能だ。ただ、売買できれば、うまくいくわけではない。

対象の銘柄がどのような動きをするか、できるだけ確率良く予測する必要がある。

その日の株価には、朝から順調に上げるもの、次第に下がるもの、上がったり下がったりするものなど様々だ。左のチャートに明らかである。

その中で、**一番利益を取る確率が高いのは、朝から、じり高になる株価**の動きだ。

トレーダーは誰もがこの動きを願っているが、目の前の株価は裏切ることが多い。

予測に反した株価では潔く「損切撤退」を行う必要がある。

いくつか買っている銘柄で、希望の値動きをするものがあれば、その銘柄に神経を注いで、利益確定のタイミングを計る。時間が許す限り、挑戦を続ける。

仕込みと利益確定のチャンスを間違わないことが肝心だ。

3694 オプティム

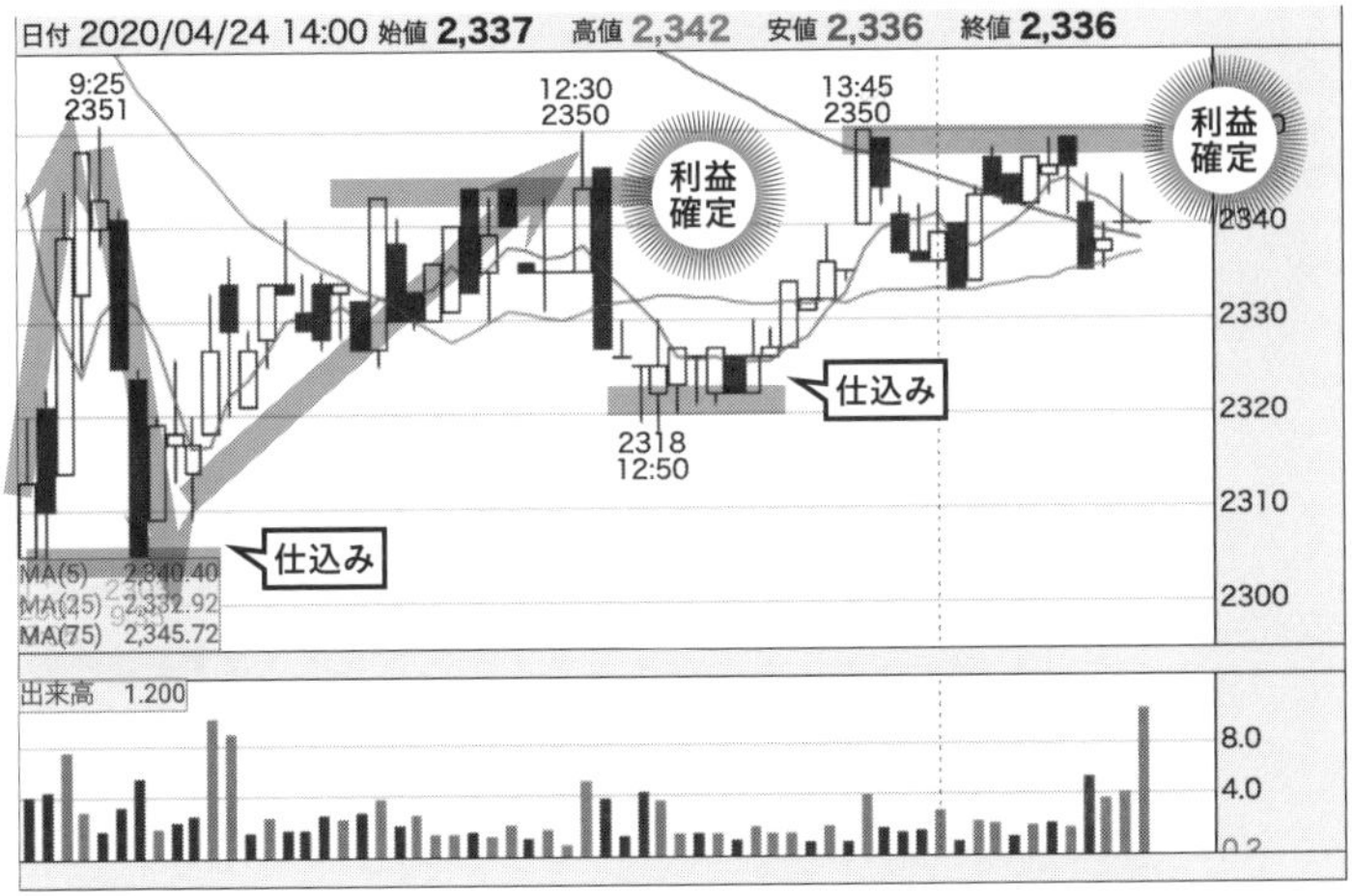

7775 大研医器

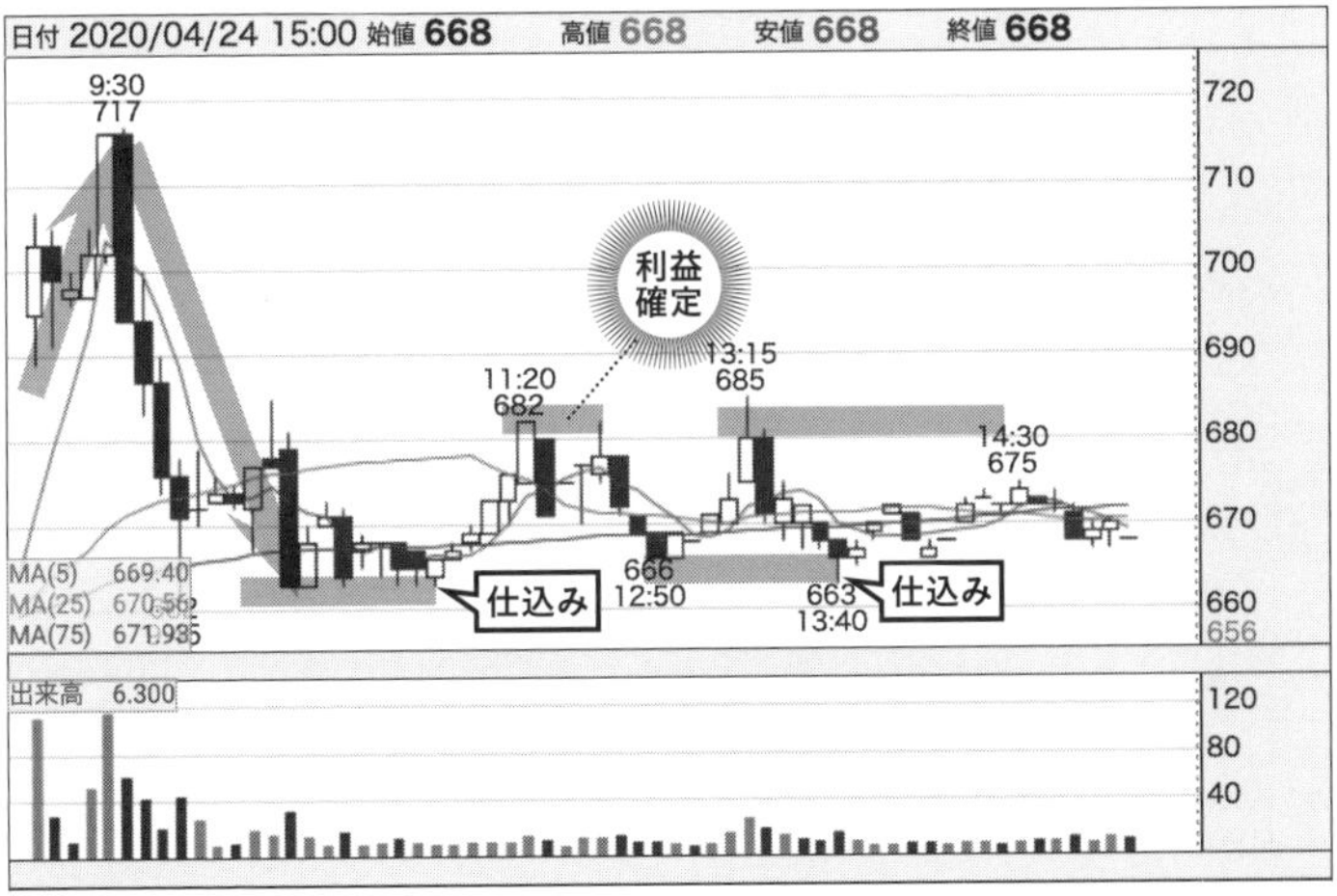

鬼100則 10

上げに飛び乗らず、押し目を活用せよ

デイトレードで、常に自覚しなければならないのは、「急騰に乗る」個人投資家の癖だ。百戦錬磨ではない投資家は、株価が上げると、「これは上がるな」と強気になり、相乗りの勇気を持ちがちだ。

しかし、往々にして初動ではなく、結構高くなってからのことである。

初動の上げには、プロはもちろん、セミプロ、ベテランの個人投資家がちゃっかり、乗っている。

その後で様々な報道やＳＮＳへの書き込みがなされて、広く知られるようになり、「そうか、買わなければ」という人が増えて、株価は一時的に上値を追う。

しかし、それが一番危険だ。

なぜなら、そうした未熟な人が買うタイミングの後に、その買値を上回る株価の買い手はいないからだ。

最後尾での買いなので、その人が利益確定をできることはない。

もちろん、先に買っていた人が、その時点で買い増すことはあり得ない。

すなわち、未熟な人が買うポイントは、先に買った人たちの利益確定のタイミングである。

これをやっていれば、資産は増えるどころか、減るばかりである。

だからこそ、上げの情報に飛び乗らず、いかに素晴らしい材料、情報があっても、**押し目待ち、調整からの復活のタイミングを待とう。**

それが「情報弱者」の賢明な戦い方である。

上げに飛び乗らず、一呼吸を置き、押し目や調整を待って、冷静に参加することが大切である。

6231 木村工機　日足

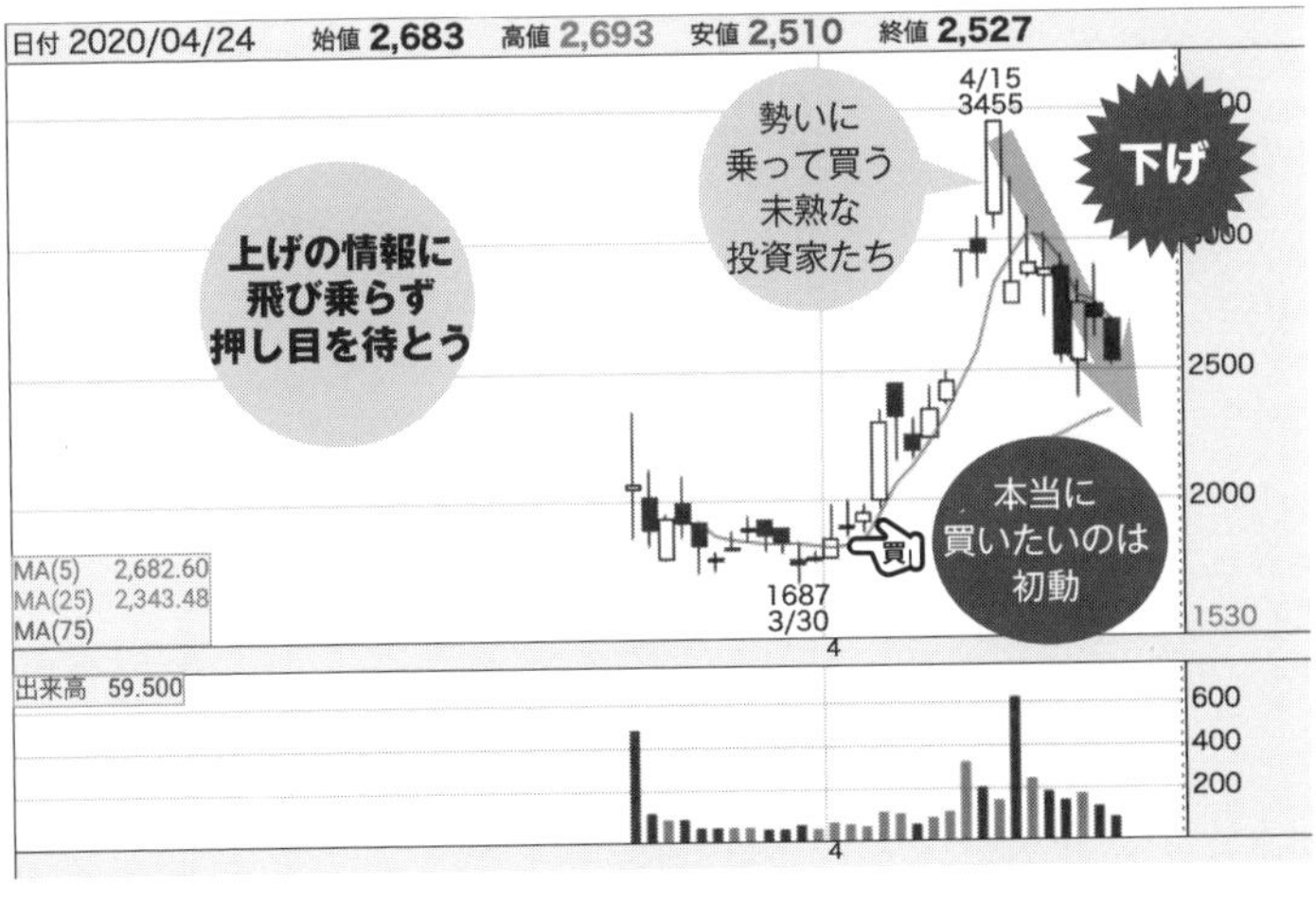

鬼100則 11

「含み益」を確実な利益に

狙った銘柄が思うように上昇し、含み益を生み、「まだ上がるだろう」と、目の前のプラスの数字が上がっていくのを見てほくそ笑む時間を至福の時と思っていないだろうか。

これは、プロはやらない。

あらかじめ計画して、確率の高い利益を確実に現実の「実現益」として、手元に蓄える。この連続で成果を積み上げる。あくまでも、計画的な利益の確保だ。

ところが、失敗の多い投資家がやるのは、「まだ行くはずだ」とばかりに、利益確定せずに、含み益の増加を「にやにやする」こと。

しかし、相場は甘くはない。

これは私の失敗談だが、理想的な含み益が、株価上昇の最中の突然の「成り行き売り」で崩され、たちまち、その日のストップ安となり、含み益が吹き飛んだことがある。

実は指紋認証のＤＤＳで、その後の急落を示すために、少し長期の足を見せておこう。

それ以来、含み益はこまめに利益確定することにしている。

もちろん、相場状況にもよる。

明らかに大口のファンドなどが参入して巨額の出来高がある時は、ある程度株価は望んだ方向に動く傾向がある。それならば出来高や板情報を見ながら、相場に乗っても良い。

ところが、**小型株で、出来高の薄い銘柄は、ある程度の利益があるうちに確定していかないと、「ぬか喜び」となる。**

「含み益」は、単なるウエブ上のデータであり、自分の儲けではない。

それを肝に銘じるべきである。

板やチャートをリアルタイムで見られる人は、機敏に売買のバランスの動向を読んで欲しい。

3782 ディー・ディー・エス　月足

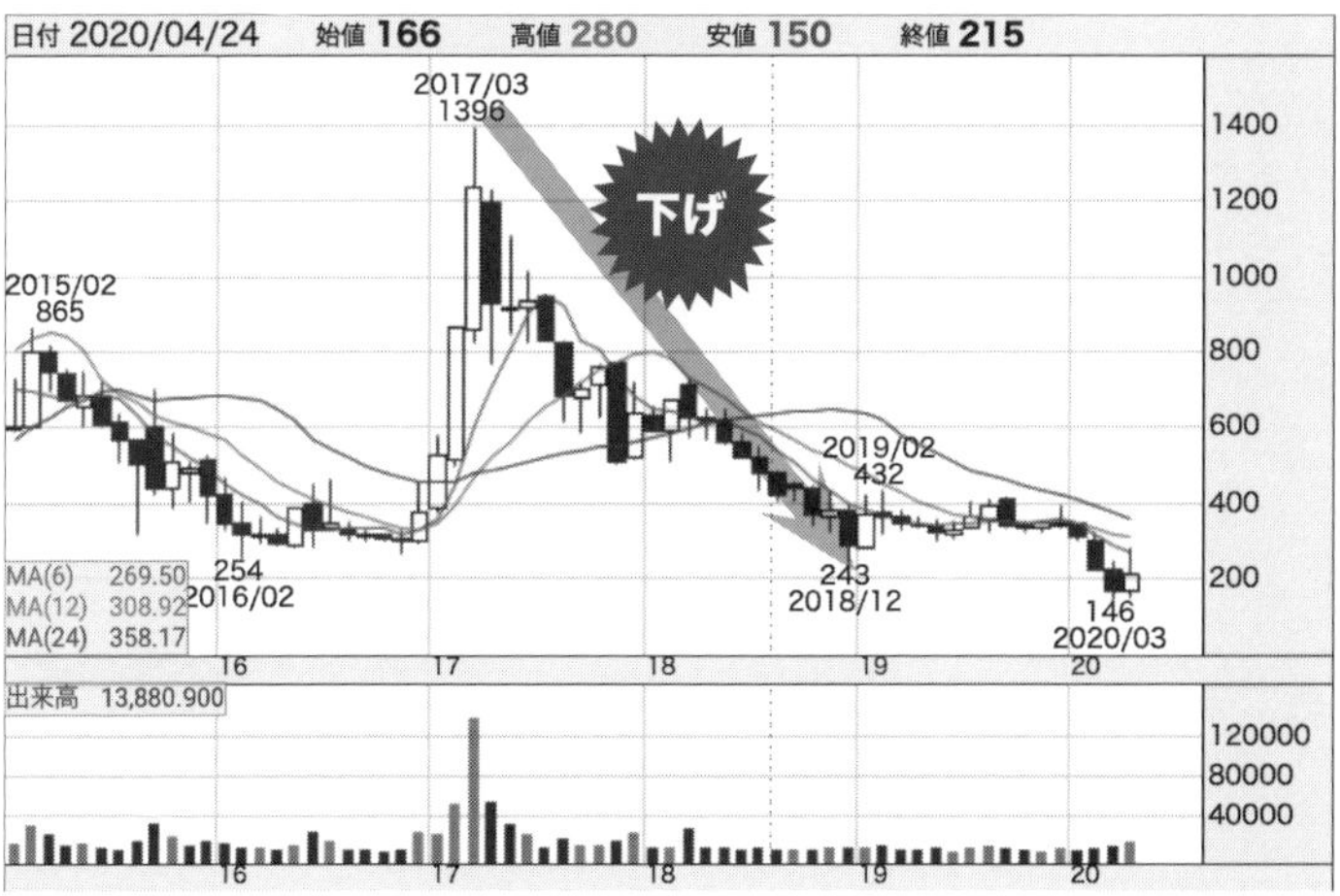

「株探」https://kabutan.jp

鬼100則 12

値幅よりも確率を重視せよ

トレードの成功において重視すべきは確実な利益の積み上げで、**小幅でも、確実に利益を確定していく**ことだ。

人気銘柄の板の動きを見ていればわかることだが、株価が上げている時でも、小刻みに上値では「利益確定」の売りが見られる。

これがファンドや上級者の投資スタイルである。

「できるだけ多くの利幅を取りたい」という気持ちはわかる。

しかし、値幅がこれ以上取れるかと言えば、おそらく確率はそう高くないだろう。

大幅に上げたチャートをいつも羨望のまなざしで見ていると、今持っているこの銘柄もそうなって欲しい、そうなるに違いないとつい思ってしまう。

でもそれは妄想に過ぎないのだ。

株取引で確実なのは、目の前の含み益である。

上げているうちは、そのまま様子を見るが、5分足で限界に達して、弱くなった時点は、利益確定が多くなってくるので、その**動きを感じた初期に確定する方が、儲けの確率は高い**。

デイトレで失敗しないためには、買いが多くなり、盛り上がっている時点での利益確定が重要だ。

結果的に、さらに株価が上に行っても、それを残念がることはない。

欲をかくとトレードの成功は難しくなる。

アルゴリズムは、大手証券やファンドの売買だが、それに合わせて**株価の盛り上がりを売る。上げトレンドの押し目を買う**。

単純作業の繰り返しだが、このトレード法が、成功率を高くする。下のチャートはデイトレードで成功しやすい株価の動きだ。

2593 伊藤園　日足

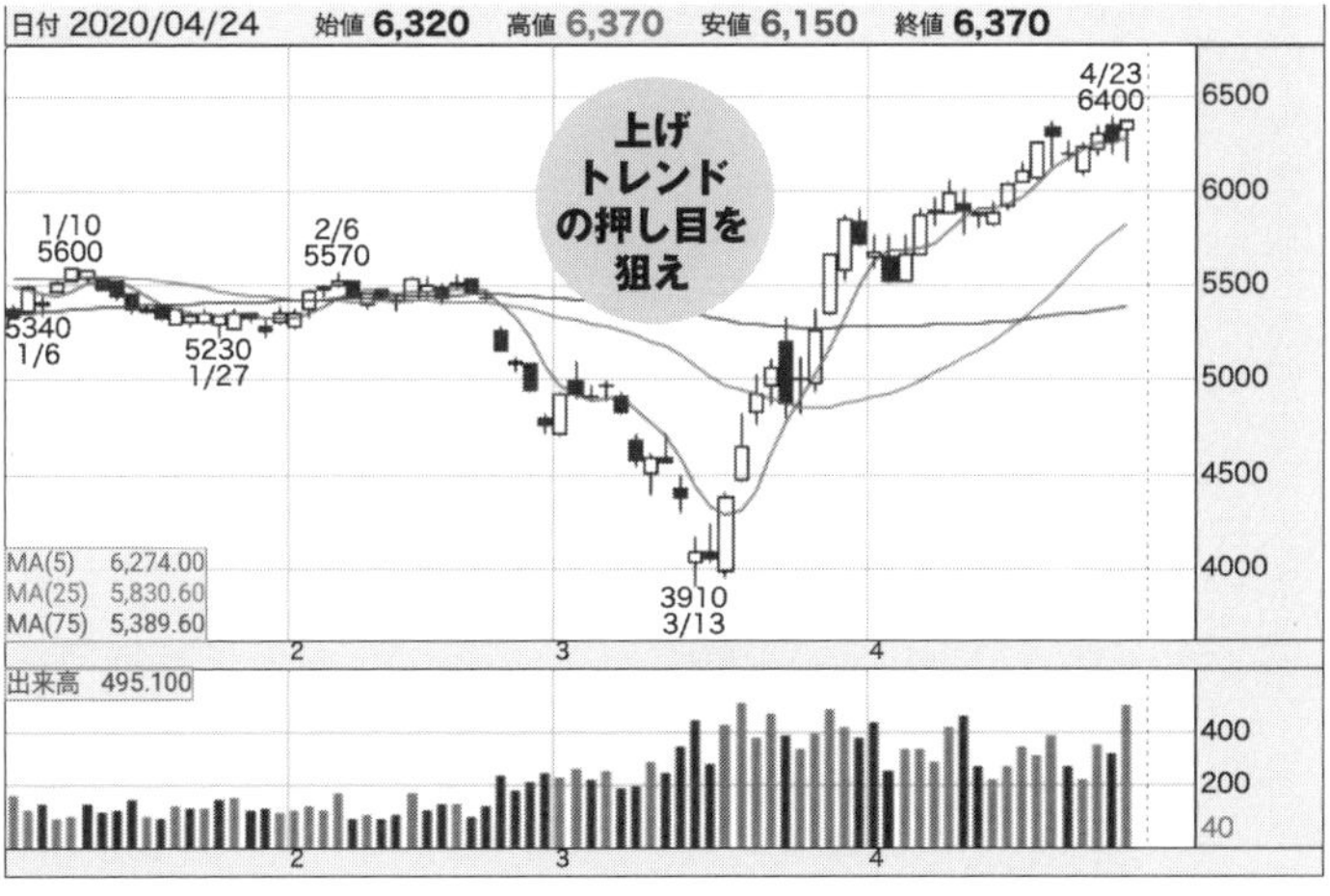

「株探」https://kabutan.jp

鬼100則 13

監視情報を一覧できる環境を整備せよ

デイトレで儲けている投資家は、常に、様々なデータをリアルタイムで監視する。

・日経平均株価の推移
・先物の動き
・世界の株価の動き、東京以外のアジアの株価
・リアルタイムのヤフーや株探のニュース

といったものである。

自分がトレードしている、もしくはトレードを目論んでいる銘柄は、単に、その銘柄の材料だけで動くわけではない。

投資家は様々な事情で、ポジションを取り、乃至《ないし》は外す。

それにかかわるものが、第一に、日経平均株価の動きである。

市場に流れる資金の量、売り姿勢か、買いかは、日経平均株価に出る。

また、これを先導するのは、先物である。

先物は、外資系のファンドが７割を占めている。

その金額は大した量ではないが、明らかに日経平均株価や個々の銘柄の勢いに影響する。

これらを見ないで、デイトレの相場は張れない。

こうした情報の網をトレードの間、常時広げておく必要がある。

いくつかのサイトを同時に開いて一覧できるようにＰＣ環境を整えることも、これから儲けるための初期投資と思えば安いものだ。

もちろん、自宅で行う専業トレードばかりではないだろう。

その人は、大きなモニタで満足できる環境ではないが、日経平均、先物、アジアの動き、ダウ先物くらいは、できるだけスマホで覗く習慣を持ちたい。

個別銘柄のデイトレ。

されど、それに影響する様々な指標は、株価の変化を先取りする意味で、とらえておきたいものである。

半導体関連、有事関連、新型ウイルス関連、消費関連など、市場の動きは、その時の様々な政治経済の事象の影響を受けるので、見逃せないのだ。

鬼100則 14

銘柄は複数の板情報で監視する

証券会社もさまざまな取引ツールを提供している。

昨今は携帯アプリで出先でも売買がストレスなく行えるから、ゴルフしながらでも売買は可能だ。

デイトレを行う証券会社についてもよくセミナー参加者やTwitterのフォロワーから聞かれるが、答えは、自分が使いやすい、慣れているものを使うのが良い、というところに落ち着く。

「配置が慣れない。使いづらい」

そう感じつつ取引していると、「ハンデ」を背負うようなもので、やりにくいし、咄嗟の取引で後れを取ってしまう。

もちろん、「○×の情報はこのサイトが良い」「板情報はここ」というように、複数のサイトを使うことは構わない。

夜間のＰＴＳでの取引がしたければ、そこにも資金を入れて、トレードするのも良いだろう。

言えるのは、プロでも、アマでも、「**最適の環境を準備すること**」が大切だ。

そのうえで、複数、時には、何十かの銘柄の動きにも目を向けて、異変を感じられるようにしたい。

今、自分が注目している銘柄以外にも、「おや？」と、思うような動きをしているときが多々ある。

それを見逃す手はない。

動きの兆しをつかむには、板が最良だ。

今まで動いていなかった銘柄の板が俄かに激しくなったのは、それだけ注目され、人気化したわけだから、デイトレでの「鞘取り」のチャンスも多いわけである。

常に、あちこち目を凝らし、勝てる、負けないトレードをしたいものである。

東証のすべての銘柄に網をかけなくても良いが、自分なりの注目銘柄の動きは、常に確認できるように、画面が見られるようにしておきたい。

チャンスを逃さないように。

第2章

流れを読み仕込みのチャンスを窺《うかが》う

大暴落の翌日は、買って買って買いまくる。

是川銀蔵

いつ起きるかを予想することは、
何が起きるかを予想することより何倍も難しい。

フィリップ・フィッシャー

鬼100則 15

戦時の戦い方を知る

具体的な話に入る前に、最近の相場環境と、それへの対応を考えよう。

投資環境には「戦時と平時」がある。

東日本大震災の痛手から立ち直り、安定した安倍政権の下で日経平均2万円台で推移してきたここ3年ほどは、まさに「平時」だったと言える。

新型コロナウイルス禍は、先の金融危機を上回る「戦時」である。

トランプ大統領も過去にないくらいの惨状に「私は戦時の大統領」と、述べていることからも、その異常事態がわかる。

私は、過去45年超の投資履歴の中で、オイルショックからバブル崩壊、ＩＴバブル、金融危機、ライブドアショックなど、株式市場の危機をたくさん経験してきた。

おかげで撤退と損切りの大切さは心得ており、幸いなことに投資から「退場」になる事態には至っていない。

しかし、未経験であったり、知っていても、乱高下に対して不用意な考えの人は、「退場になるほどのことはあるまい」とあぐらをかいてしまう。

戦時の株価は、急上昇もあるが急落場面が頻発する。

悪いニュースを発端にあれよあれよという間に真っ逆さまに落ちていく。

損が膨らむので、用心である。

しかし、その翌日には「状況は改善していないのに、なぜか」上がる。

賢い個人投資家は、それに飄々《ひょうひょう》と乗るだけだ。

相場には、勝ちやすい流れと、負けやすい環境がある。

大切なのは、**勝ちにくい相場付きで確実に利益を出す**こと。

そのためには、相場環境の中で、強い銘柄と弱い銘柄の選別をシビアに行うことが必須だ。

上げるにしても、波動には傾向がある。

いかにトレンディの銘柄であっても、足が伸び切った時点では、調整の急落がある。

このリズムが理解できないと、勝率は確保できない。

鬼100則 16

暴落は仕込みのチャンス

ＮＹ株価が急落した翌朝は、大体は、日経２２５平均採用銘柄はもちろん、多くの銘柄が冴えない。それは新興市場も影響されるので、**デイトレは銘柄絞りを慎重に**したい。

ただ、**ＮＹが弱い時は、優良で業績の良い右肩上がりの銘柄が弱く始まる**傾向もあるので、「朝一が仕込みのチャンス」となる。

この業績が安定している日本の代表的な通信関連銘柄を見ると、この日の朝はさすがに弱く始まった。

しかし、下値には買いが入るので、なかなかそれ

9432 日本電信電話　日足

以下には下げない。これが投資家に「安心感」を生んで、株価はじり高となる。

しかも、陽線が続くので、どの時点でも利益確定ができる。

適度に利益確定をしながらの「回転商い」型なので、上値が重くなることもなく、じりじりの上げが続いている。

理想的なデイトレ銘柄である。

ＮＹ株価が下げた時には、優良銘柄の押し目を狙う。

この習慣が極めて効率が良い。

誰もが「買いたくない」「逃げる」タイミングで、敢えて入る勇気が、トレードでの成功を生む。

しかし、何でも買えば良いというわけではないので、用心したい。

9432 日本電信電話

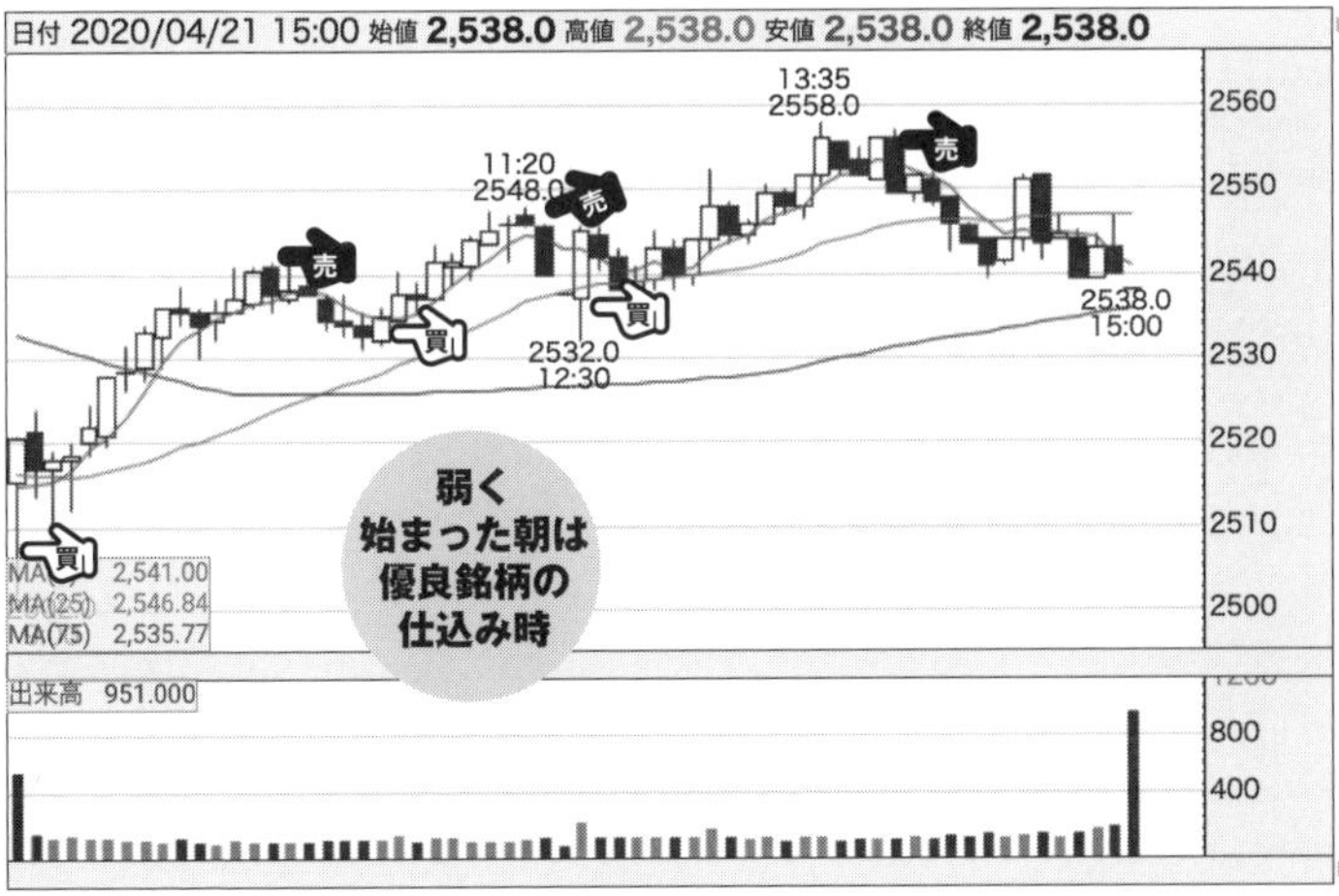

鬼100則 17

NYが下げても、材料株には関係なし

ＮＹ株価が下げた翌朝は、日経平均株価もかなりの高確率で弱い。

その理由は、大口の買いが引っ込むとか、利益確定の売りが多くなり、売買のバランスが、「売り優勢」となるからである。

株価はわずかなバランスで下落に向かう。

しかし、**何らかの「材料含み」の銘柄は、全体相場の流れに関係なく、買いが集まり、人気化**する。

全体の流れに影響されない銘柄も、市場には存在することを心得ておきたい。

4974 タカラバイオ　日足

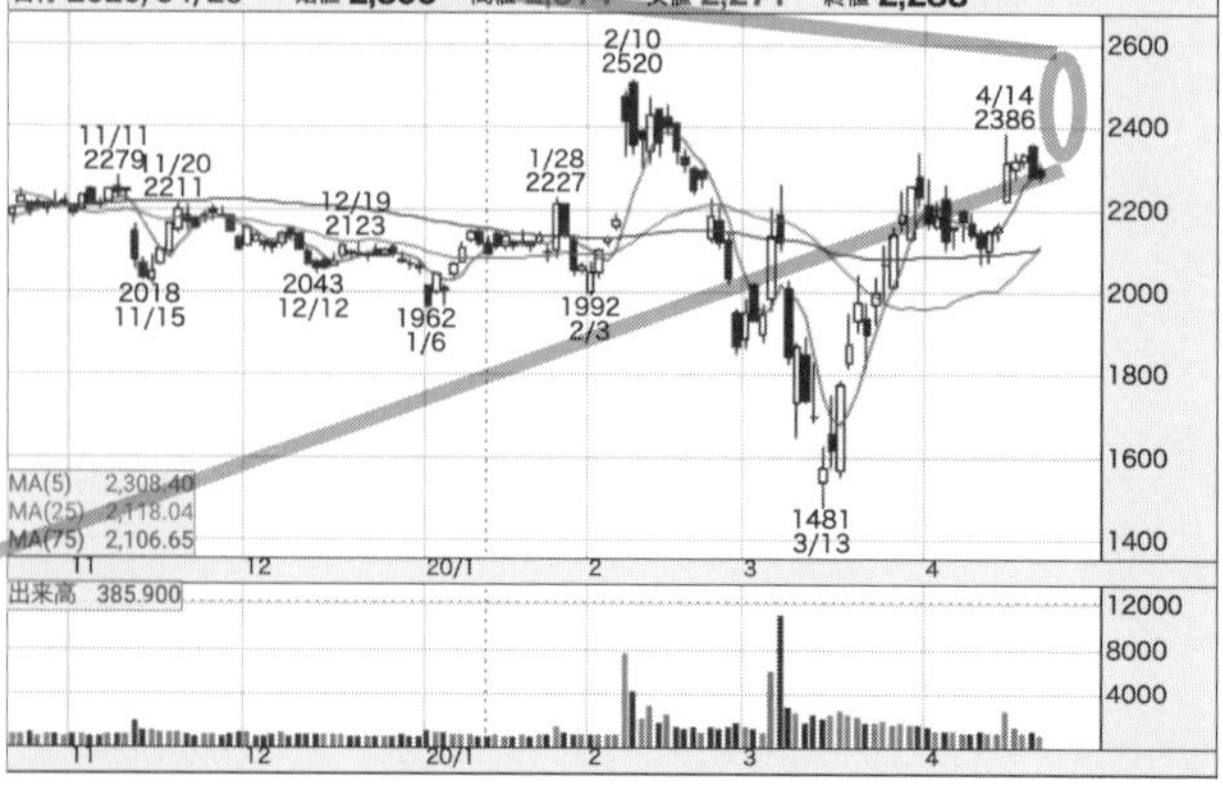

ここに挙げた銘柄は、新型コロナウイルスワクチン量産準備という、この時期にしてはまたとない「大材料含み」であった。

日経平均株価に左右されないものがあるだけに、独自の動きとなる。

どのような相場付きでも、その雰囲気に流されない銘柄がある。

その材料や人気度を考えてトレードすることが、戦時には有効だ。

これはしっかりと、心にとどめておきたい。

今、**全体相場に負けない「大材料」は何か**。

これをしっかりとつかむ勘と情報入手の姿勢が「勝ち組のトレード戦略」には必須なのだ。

4974 タカラバイオ

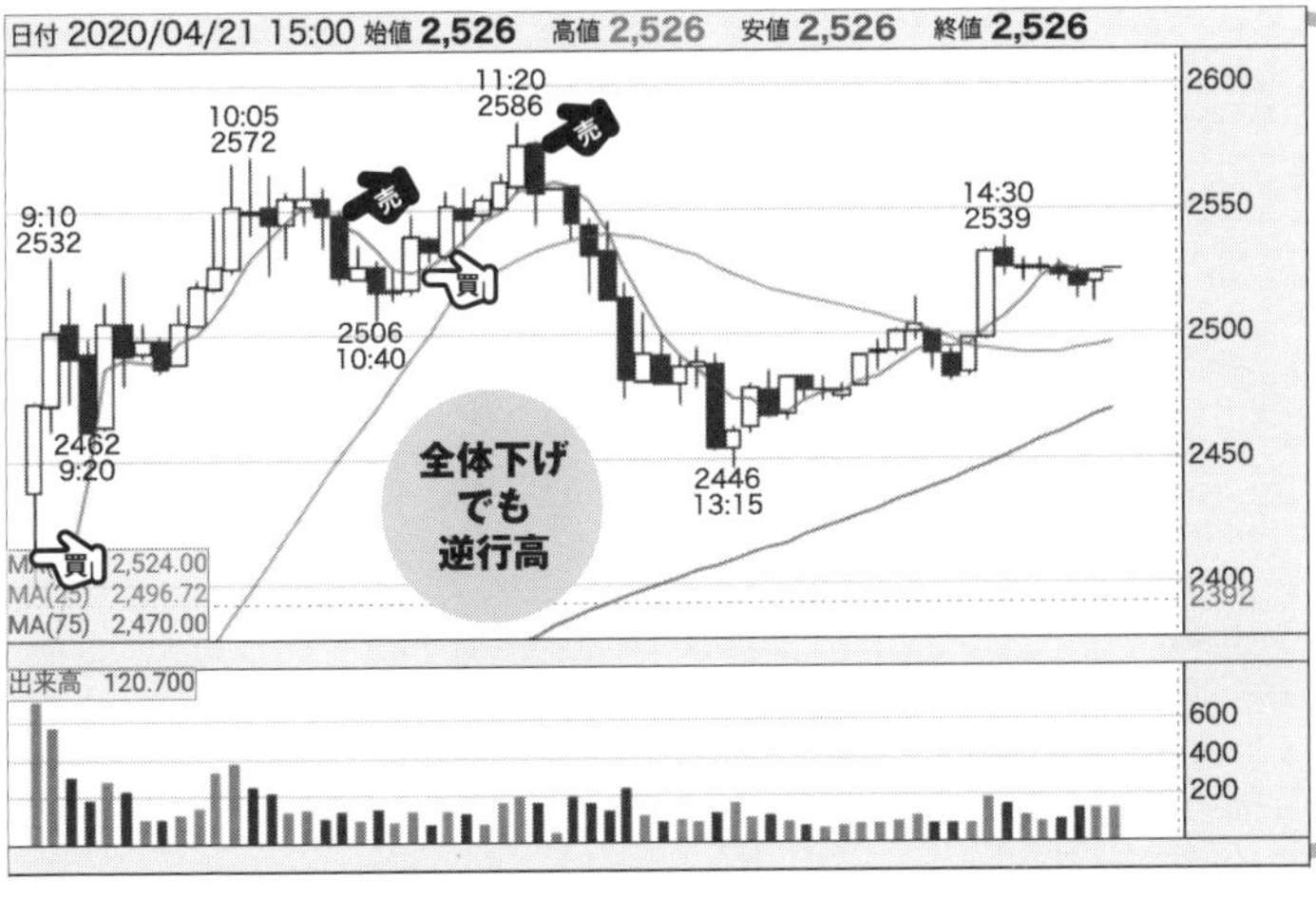

鬼100則 18

原油大暴落で浮かぶ企業あり

株価というのは、様々な相場変動で、沈む企業あれば、浮かぶ企業もあることを心得よう。

新型コロナウイルス禍で世界中の経済活動が停滞した影響で、原油は消費が落ち込み、原油市場はこの日、史上初めて先物に「マイナス」の価格が付いた。「お金を出すから持って行って欲しい」わけだ。それに伴いNY株価も大幅に下げて終わった。しかし、これで浮かび上がるのは、「安い時の備蓄」である。

脚光を俄かに浴びたのが、タンカーを持つ船舶。関連の株価が原油相場急落で動きだしたのだ。

9115 明治海運　日足

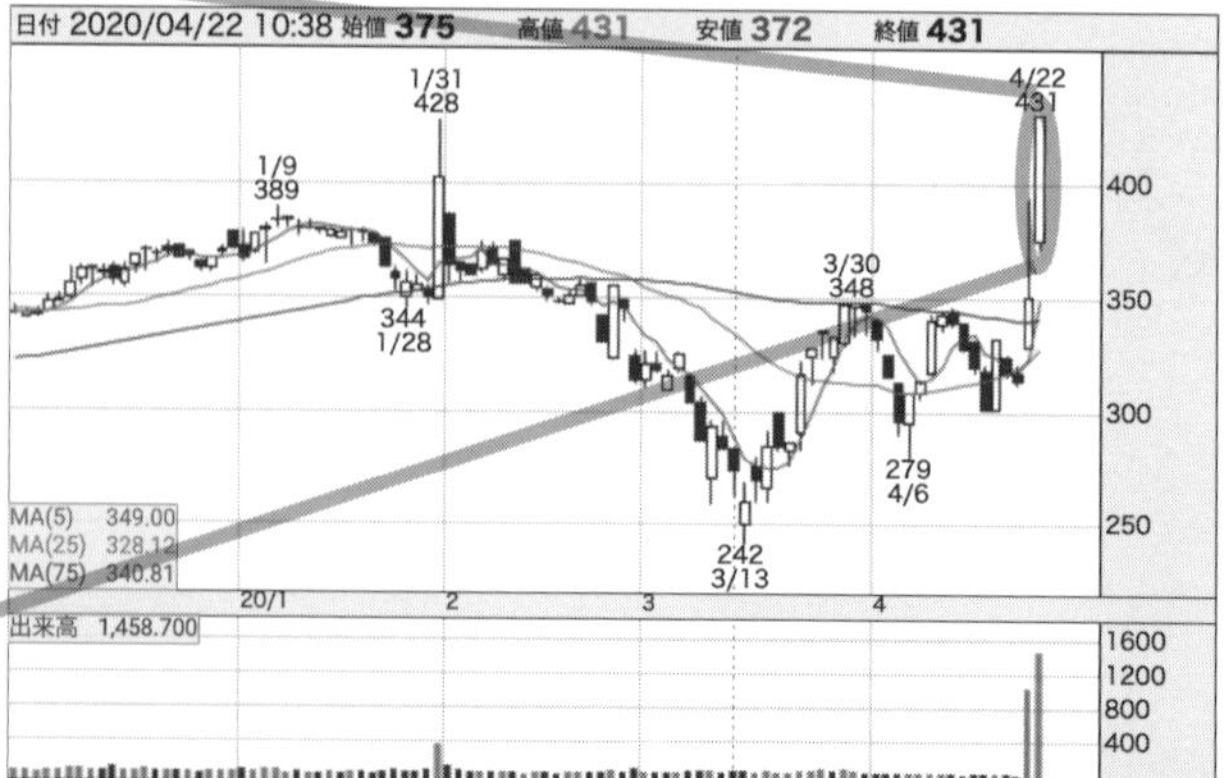

その中でも小型のこの企業は、浮動株の少なさから、買いのターゲットになり、ストップ高に。そしてほかの比較的大きな会社の株価も上げた。

このように、「**何処かがへこめば、何処かが浮き上がる**」。経済のシーソーゲームのような仕組みをしっかりと心得て、トレードをやりたい。

この手のトレンドの明確なものは、デイトレというよりも、翌日や２・３日の値動きを見ながら「オーバーナイト」の勝負するのも良策だ。

これ以外にも、原油安でメリットを受ける銘柄は多くある。

どのように動くか監視すると良いだろう。

ただし、原油価格など経済活動と連動して上げ下げするので、長居は禁物と心得て欲しい。

9115 明治海運

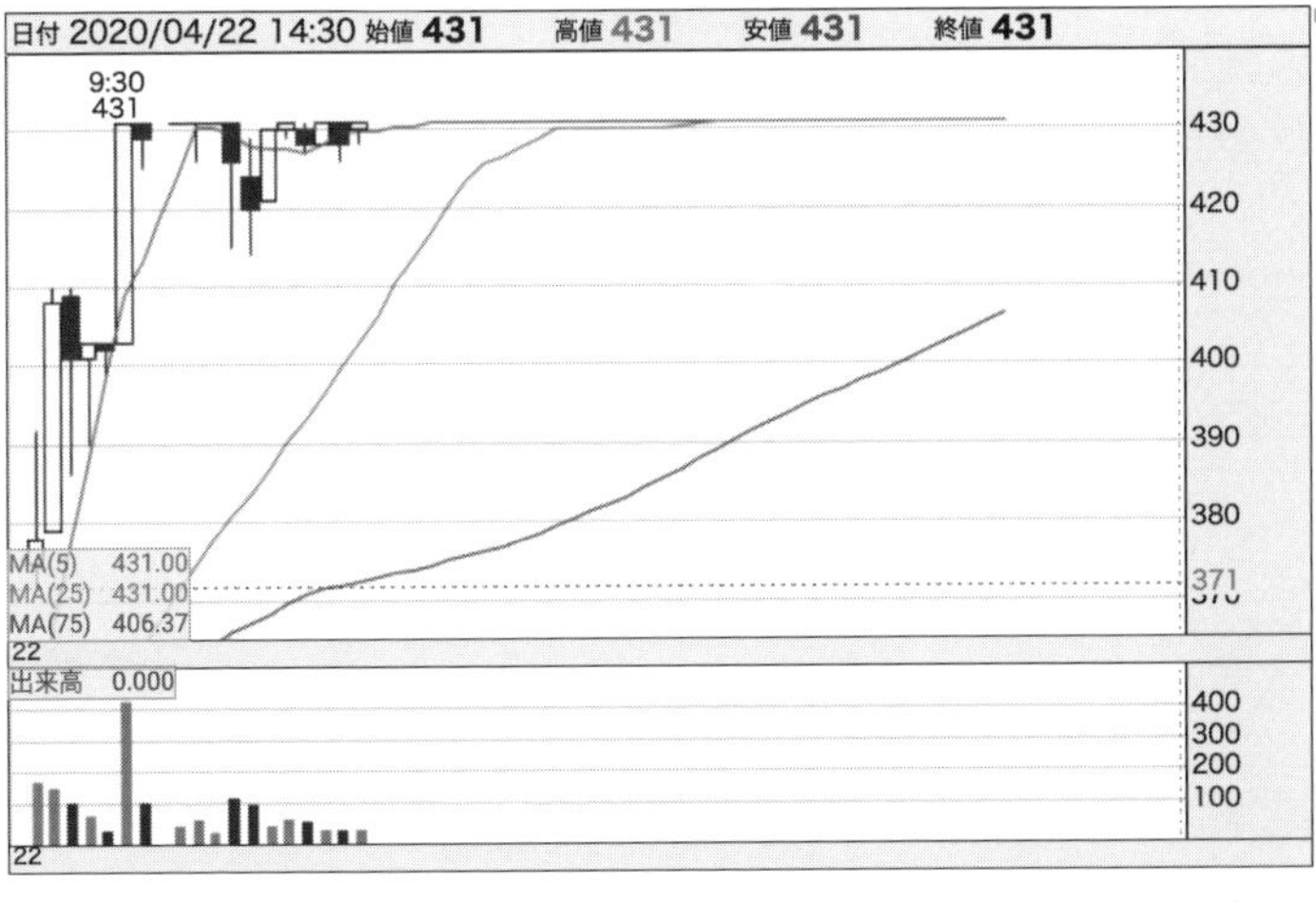

「株探」https://kabutan.jp

鬼100則 19

日経下げても強い優良株はさらに上がる

NYダウや日経平均が安いのは、世界経済が下降気味の時に起きる現象だ。

全体相場が弱ければ、世界で勝負する自動車、機械、電機、化学など、様々な企業が影響を受ける。そのために、株価はNY相場などに振り回されるわけだ。

しかし、相場が悪くても、世界のオンリーワン企業の中には、意外にも強い銘柄がある。

ここに挙げた銘柄は、日足チャートでもわかるが、全体低迷でも、きれいな右肩上がりの株価を見せて

6920 レーザーテック　日足

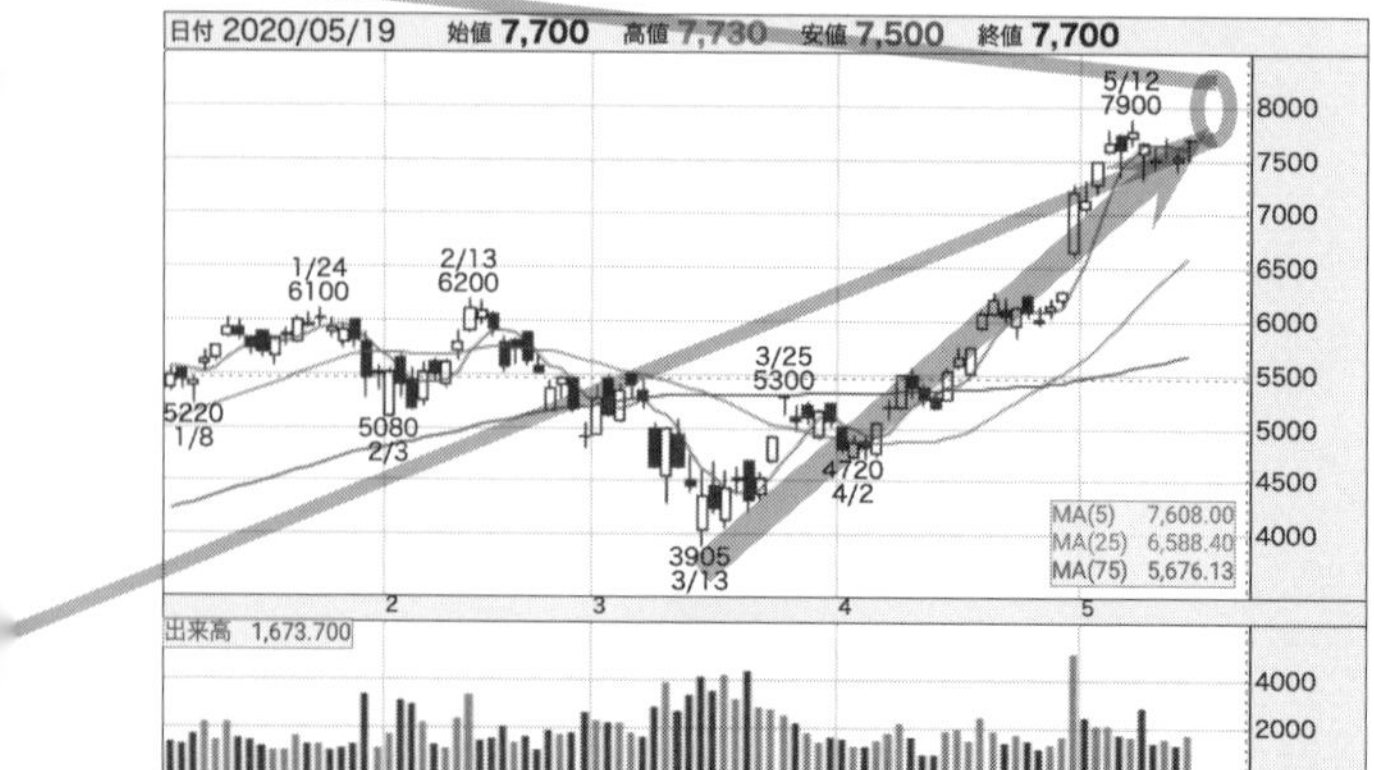

いる。

トレンドをよく見てトレードしたい。

全体下げの中でも強い優良株は、市場環境が良くなればさらに上げを加速する可能性がある。

「下げていても強い」この手の銘柄には、ことのほか注意してトレードに臨みたいものである。

株価は、一律、機械的に動くのではない。環境が悪くても強いところを見せる銘柄もある。

その微動を感じ取ることが利益への第一歩と言える。

6920 レーザーテック　５分足

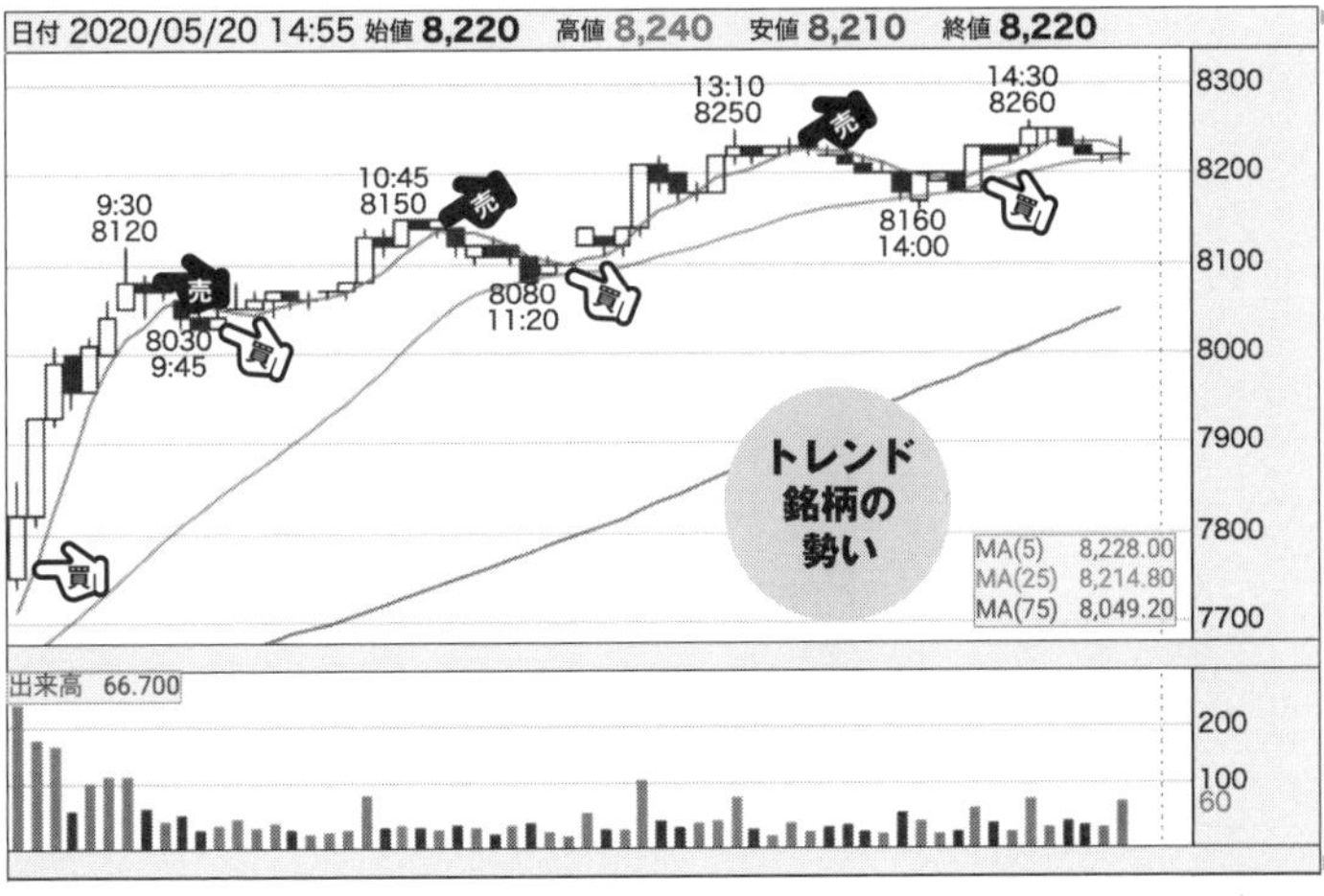

「株探」https://kabutan.jp

鬼100則 20

大手はわざと落として拾う

ここに、有望な材料と、業績好調の銘柄があるとする。

株価は普通に上がることが予想できるが、その銘柄で安定的に利益が確定できるかと言えば、断言はできない。

例えば、がん治療薬のオプジーボで有名な小野薬品の株価の動きを10年チャートで見ると、当初の上げ過程では結構な押し目がある。

テンバガー株ならではの「ふるい落とし」で、急落の場面が幾度となくあった。

同じように人気銘柄でも、日・分の単位では上げ下げを繰り返しながら、高みに上っていく。なぜなら、ファンドなどは、利益確定を適度に入れて、押し目を作ってから、買い手の動きや量を見て、次の作戦を考えるからだ。

そのために、個人投資家は初めから終わりまでの値上がりの旨味をなかなか享受できない。ならば「何処か」でしっかりいただくしかないのだ。

7094 NexTone　日足

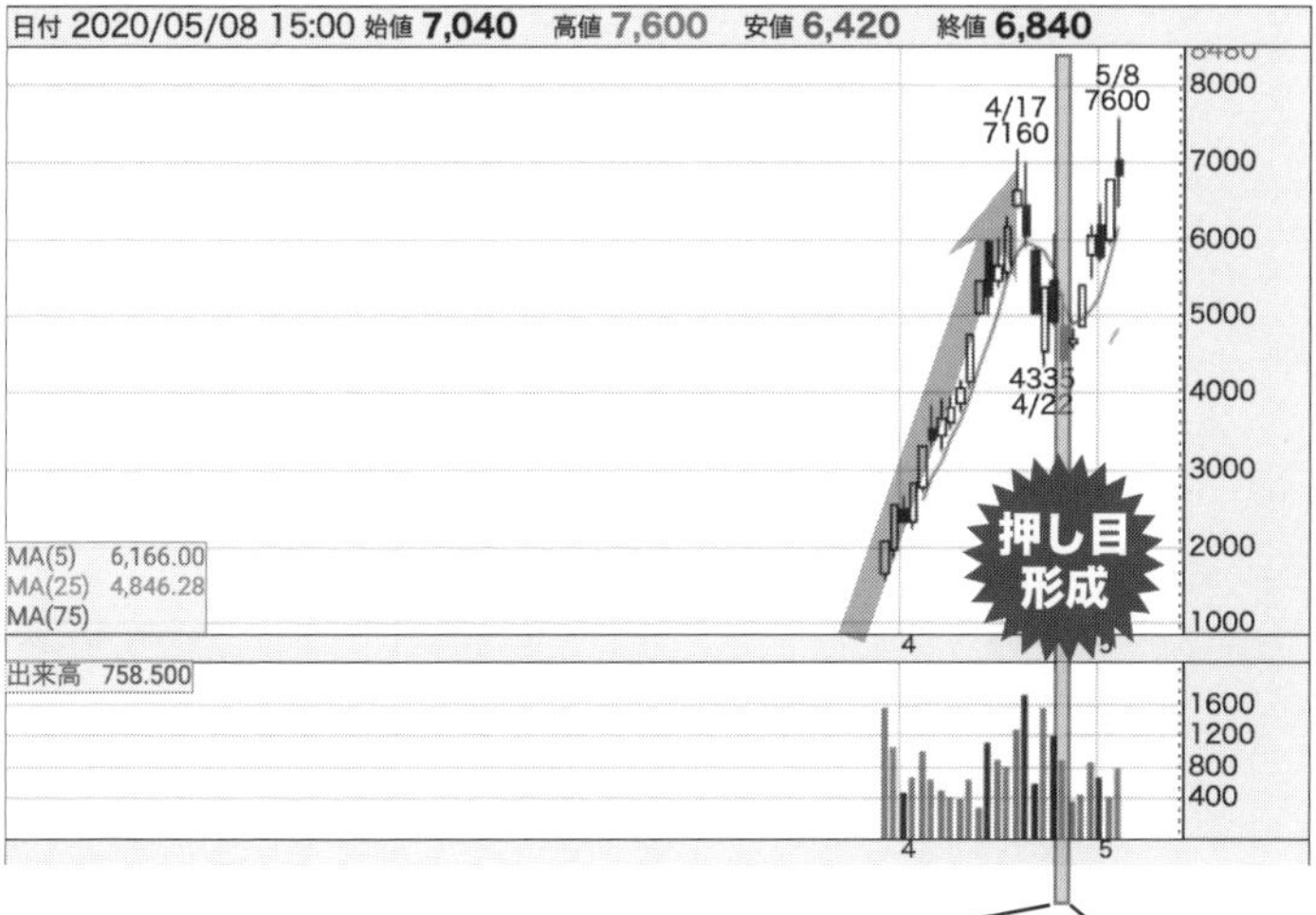

7094 NexTone

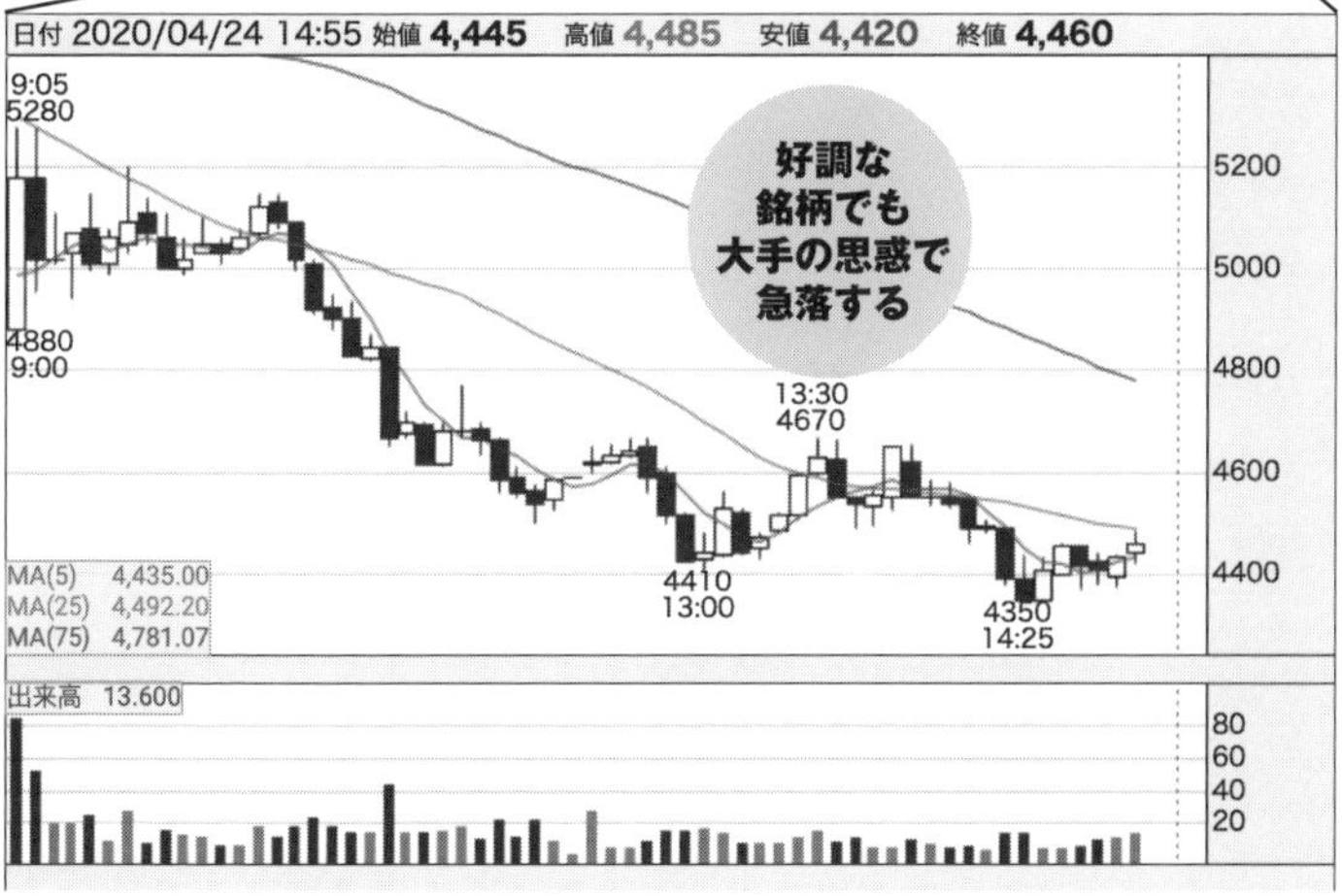

鬼100則 21

朝一の下落はチャンスが多い

今回の新型コロナウイルスによる、NYダウ1日で2000ドルの暴落は強烈であった。

この「恐怖の下げ」には当てはまらないが、通常のNYの大幅下落の場面では、大型の銘柄をはじめ、それに追随する銘柄の株価には、一定の癖がある。

それは「**大幅に下落して始まる**」ということだ。

しかし、その後の動きを見ると、一部の例外を除き、**下値からの反発**が見られることが多い。

この経験値は生かしたい。

言うなれば、**恐怖の朝のギャップダウン**（大幅に下げること）**を生かして、逆に「買い向かう」**ことだ。

個人投資家は、「NYが暴落したから」と、狼狽売りをしがちだ。

そのために、大体は大幅に安く始まる。

しかし、「人の行く裏に道あり、花の山」と言うではないか。

そうだ。人の逆をやらなければ株では勝てない。

その場面では、敢えて「買い向かう」のだ。

トヨタでもホンダでも、何でも良い。

朝の気配値を見て、**凄まじく弱い気配の銘柄にターゲットを絞る**。

一番、勇気のいる場面だが、その怖いところで買ったご褒美は、さして時間を要さないでもたらされる。

株価は「狼狽売り」の後で割安感があり、リバウンドからの戻しがやってくる。

そこで利益確定すれば良い。

それが、いつでもある「勝ちパターン」のトレードである。

7203 トヨタ自動車

鬼100則 22

急な持ち合い下げには悪材料がひそむ

株価は一日の中で、ひと時も同じ水準ではない。

もちろん、銘柄によっては、同じ株価で静止しているものもあるが、一般的には上げ下げを繰り返して、一つの傾向を持つ。

トレードで用心しなければならないのは、急激な「持ち合い放れ」の下げである。

企業は様々な形で頑張って、収益を出している。

敢えてリスクを取る場合もある。

そのために、思わぬ見込み違いやハプニングで株価が急落することはある。

往々にして多いのが、海外を相手とする活動だ。

原因はすぐにわからなくとも、急落の場面では「逃げる」ことが、傷を深くしないで済む。

もちろん、やや時間差を置いて「なぜ下げたか」のニュースは市場に出てくる。

しかし、その時を待つと傷が拡大するので、「**逃げる時は逃げる**」のが得策だ。

かつて東芝の原子力事業の巨額のマイナス、最近ではソフトバンクの米貸し会議室企業への投資の失敗で急落があった。しかもソフトバンクの赤字発表は13日だったが急落したのは19日であった。

株式投資で資産を作る鉄則は、「大きく損をしない」ことだ。

だから、トレード中の異変には果敢に対応すべきだ。

デイトレで負ったマイナスを、長期保有にして、損に向き合わない人が多い。

しかしこれは負け犬の行動と言っても良いだろう。

失敗にしっかり向き合う自分への厳しさを持つ人こそ、「常勝」の資格がある。

9984 ソフトバンクグループ　日足

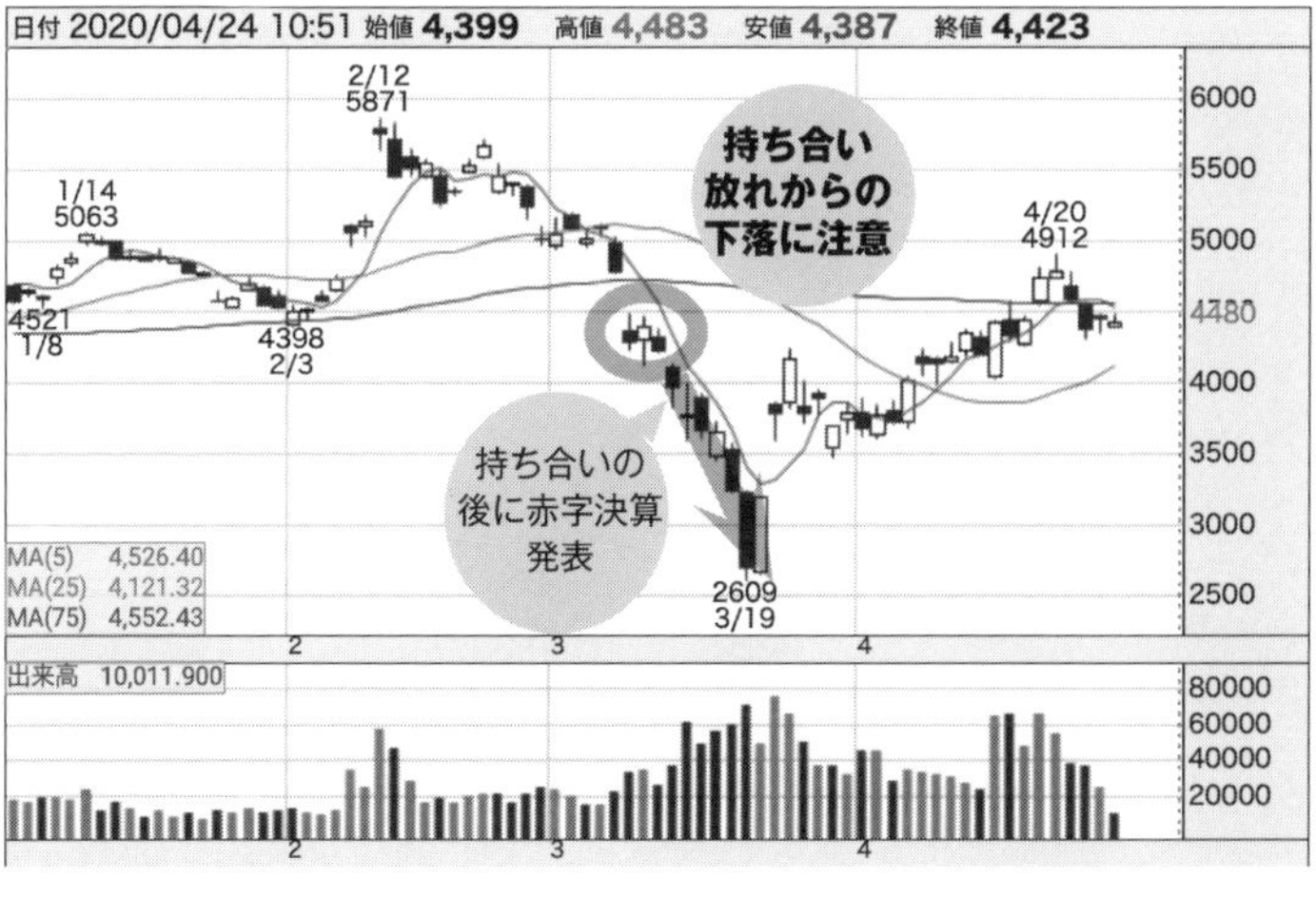

「株探」https://kabutan.jp

鬼100則 23

急変相場では資金は分散し、ほどほどで臨む

いかなる相場環境でも、株価は銘柄により上げ下げはあり、完全には予測できない。

これが投資の失敗を招く要因にもなる。

そこで、「卵を一つのカゴに盛るな」の格言のように、**一気にすべての資金を入れない**ことが大切である。

「株を買うと不思議と下がる」というのは、多くの投資家が体験しがちなことである。

それならば、**株を買ったら、さらに安値のチャンスがあるので、そこで仕込めば良い**。

平均単価を下げられるからだ。

個人投資家が「買いたい」と考える時は、往々にし

4316 ビーマップ 日足

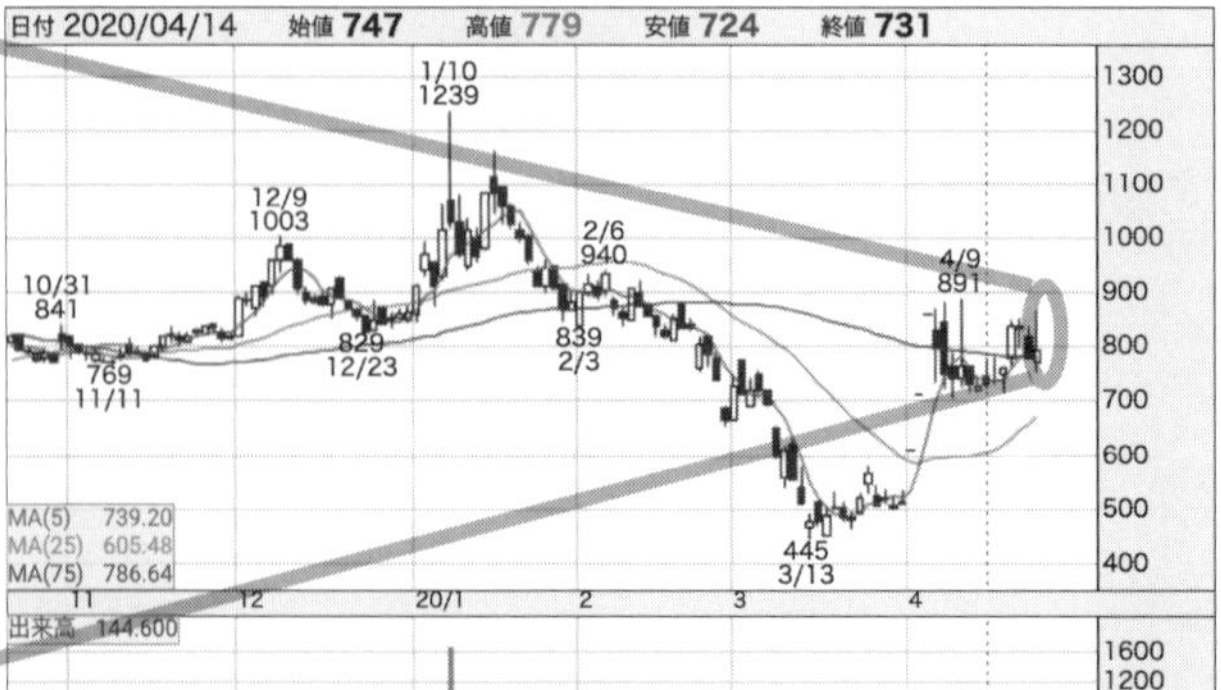

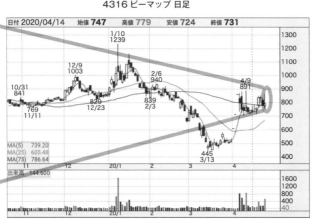

て人気化したタイミングが多い。

市場でテーマ株、人気銘柄と報道されたのを見て、こぞって仕込む。出来高の多い時に買う。

そうなると、大体が「高値近辺」になるのだ。

初動に仕込めれば、さらなる上値をとる確率は高いが、買った時点では既に人気化しているので、その後に、前から買っていた人の売りが出やすい。

押したタイミングでは、手持ちの銘柄が「含み損」となりやすいのは、このためである。

資金を一気に傾けなければ、さらに押したところでの仕込みができるので、含み損を指をくわえて見ないで済む。

分散投入で、有利な仕込みをするためにも、すべての資金を一気に投入しないようにしたい。

4316 ビーマップ

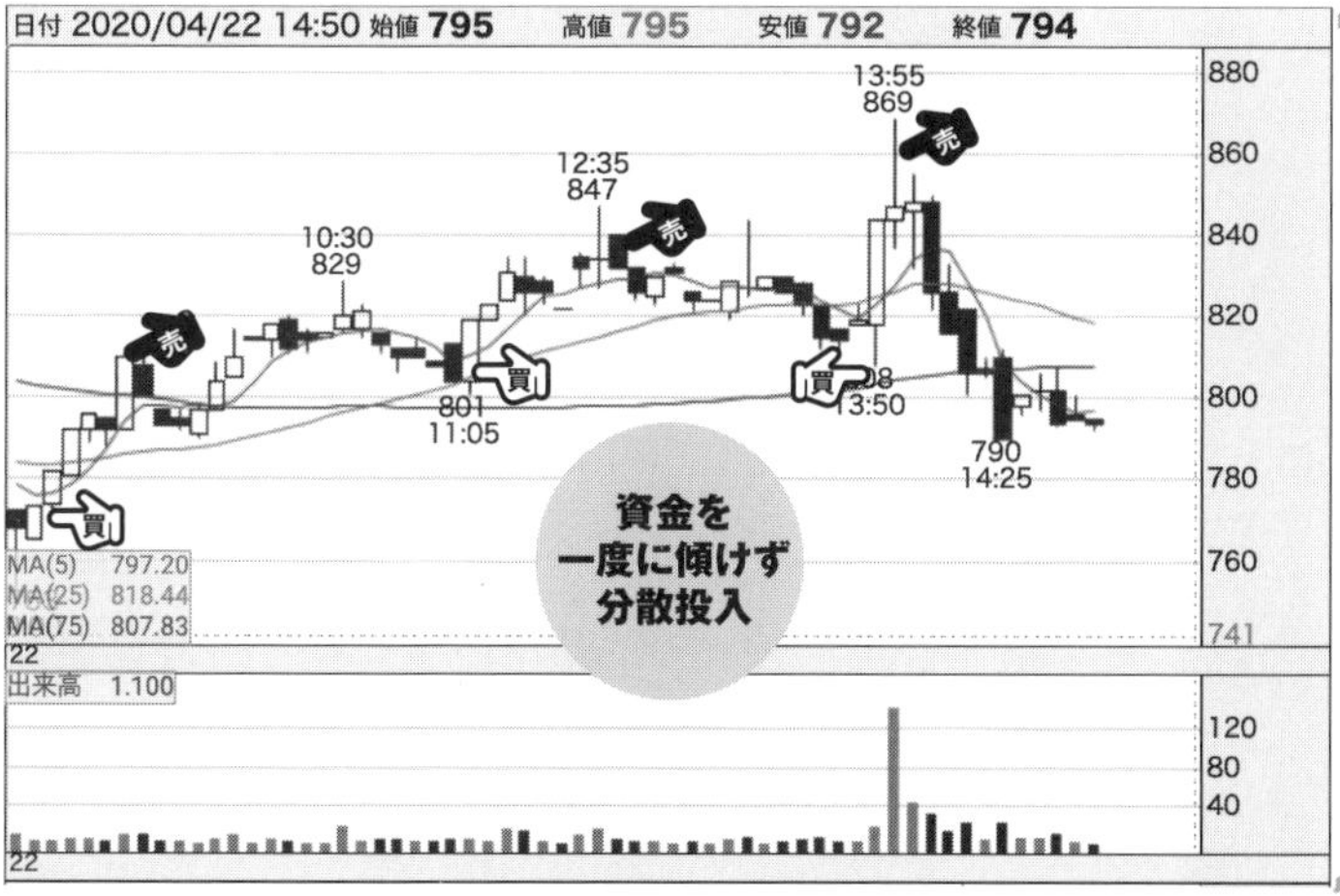

「株探」https://kabutan.jp

第3章

トレードの裏にひそむ仕手筋の思惑を見抜け

有頂天の歓喜は常に悲哀に転ずる。

ミゲル・デ・セルバンテス

意地商いは破滅の因。

鬼100則 24

合理的な相場形成はあり得ない

相場形成は合理的なようで、そうでもない。

合理的とは、例えば業績が良く、業界の環境も良い、社長の人気がある銘柄が上がるということだろうか。

上がるべくして上がるような銘柄が上がることだ。

教科書的な知識で言えば、そうなる。誰も失敗はしない。

しかし実際は「難あり」の企業が、少しの材料があれば、赤字でも、無配でも上がる。

もっと言うなら、相場を動かす集団の「上げたい」という都合が最優先であったりもする。

これが「上がる株の最大の要素」である。

人気先行とも言える。

その人気も、後からつけられたもので、「上がるから人気が出た」に過ぎない。

株式市場の株価は「非論理的」に形成されると言って良い。

例えば、新型コロナウイルスの特効薬と言われ、安倍総理も認める「アビガン」の製造元、富士フイルムの株価は、増産支援が報じられてたった2日上げた後に下落した。

一般的に感じる株価への期待感は、市場には反映しない。

なぜこうなるかと言えば、ムードで上がったものは、上げたい人がいるからであって、仕手筋のプレーヤーがいなくなったら、もう上げる演出がないためである。「材料出尽くし」で終わる。

このように、上がるのが当然と思われる銘柄に、利益先行の動きがあるのに対して、**背後に仕手筋と言われるプレーヤーのいる銘柄は、とんでもない株価に**なりやすい。

このからくりは知っておこう。

4901 富士フイルム　日足

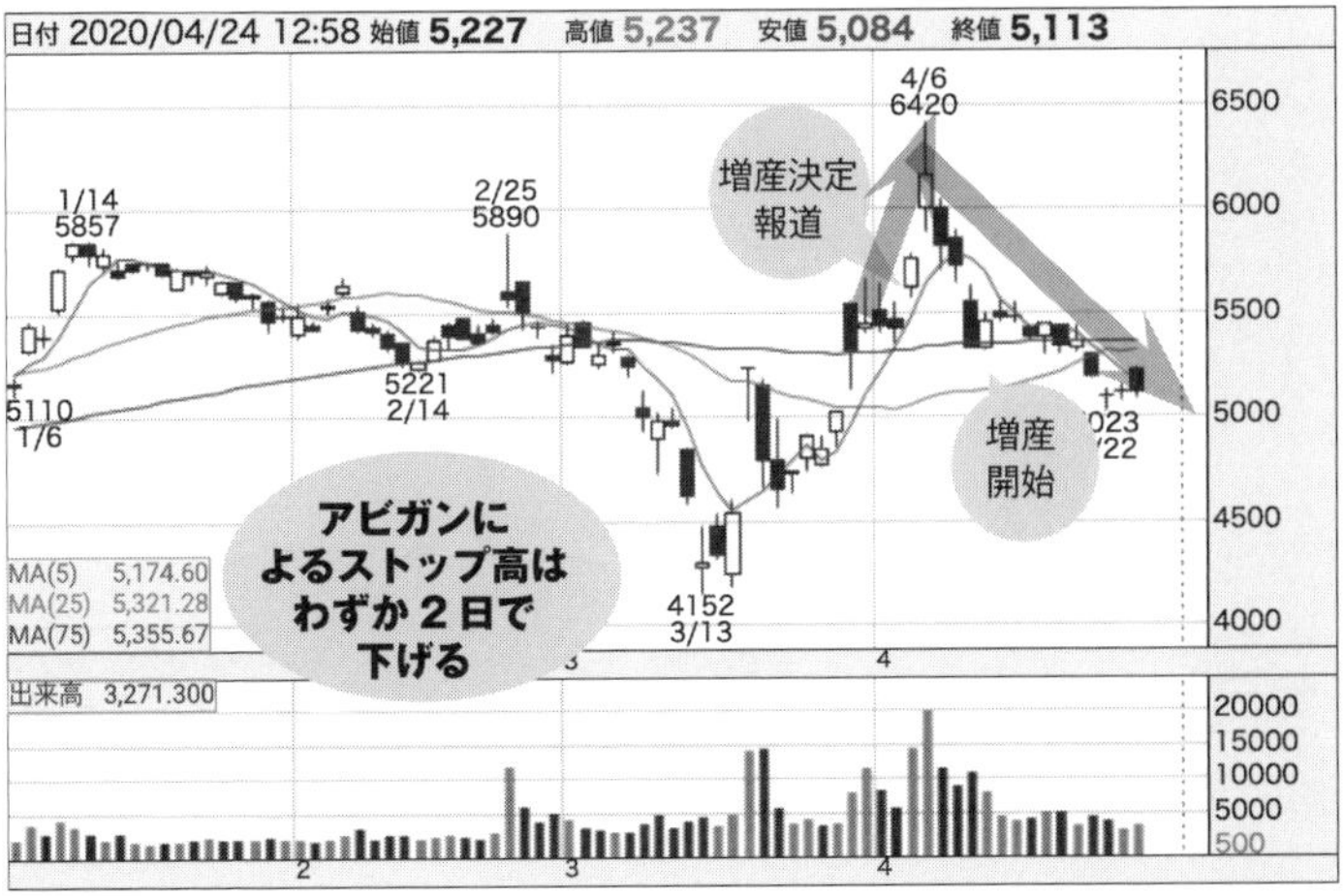

「株探」https://kabutan.jp

鬼100則 25

上げる材料で下げる仕掛けを知る

ここに、今はやりのウエブ会議、テレワークの銘柄がある。市場では「オンラインビジネス」がトレンドになり、これも本命の銘柄として、スポットが当たった。

しかし、「なるほど」と個人投資家が買い向かうころには、株価はだらだらと下げる。「もうたくさんだ」と切り捨てると、いきなり上げてくる。

困った動きである。

大本命の銘柄であるにもかかわらず、すんなりと上げてはくれない。

要するに、儲けさせてくれないのだ。

なぜこのようになるかといえば、「大本命」であるために、**ファンドはもちろん、個人投資家などからの買いが集まり、買いが多くなって、「重たい銘柄」となっている**からだ。

特に個人投資家は「この先の上げを狙おう」と、含み益に期待するが、そうは簡単に儲けさせてくれない。

この**裏には、明らかにプレーヤーがいる。**

彼らはある時、買いをパタリとやめる。

買いが少なくなれば、だらだら下げに遭遇する。

「なんだこれは」と、失望して、経験の浅い個人投資家が投げる。

そうすると軽くなる。買いぶら下がりの投資家が少なくなってくるからだ。

人気の銘柄は、似たような動きをすることが多い。

思惑と違う動きをしても、無駄に「損切り、投げ」をしないためにも、株価のリズムを知っておかなければならない。

3681 ブイキューブ

鬼100則 26

「材料頼みの上げ」は、うっかり乗せられるな

仕手系の動きが見られる銘柄の動きは極めてリスキーである。

出来高を伴い、派手に動くが、一筋縄ではいかない。

魅力的な上げ方をしたので、「ここぞ」とばかりに相乗りすると、その時点が「高値つかみ」になる。

仕手筋の利益確定のタイミングだ。

しばらく、だらだらの下げになるか、演出された急落が起きる。

このタイミングでは、後から乗った人は、損切りで逃げるしかない。

しばらく株価は低迷、やがて、上値が軽くなる。

そこで、仕手筋の踏み上げが始まる。

下落の時にうっかり「売り建て」を行えば、ここぞとばかりに、踏み上げの買いが殺到する。

まさに死闘。死屍累々だ。

勢いのある、美味しそうな銘柄は、中でも、新興の小型の銘柄は、用心してかからないと、仕手筋の餌食にされかねない。

相手はプロ中のプロである。

いかにして、個人投資家を食い物にしてハメ込むか、個人投資家から資金を奪うかを知り尽くしている。

明確な、納得できる材料ではなく、なんとなく上げた時。

単に、**「上がることが材料」のような銘柄の動きには、用心**したい。

銘柄への理解がない分、押しへの恐怖が集まる。

売りが売りを呼ぶ。

まずうまくはいかないのだ。

7895 中央化学

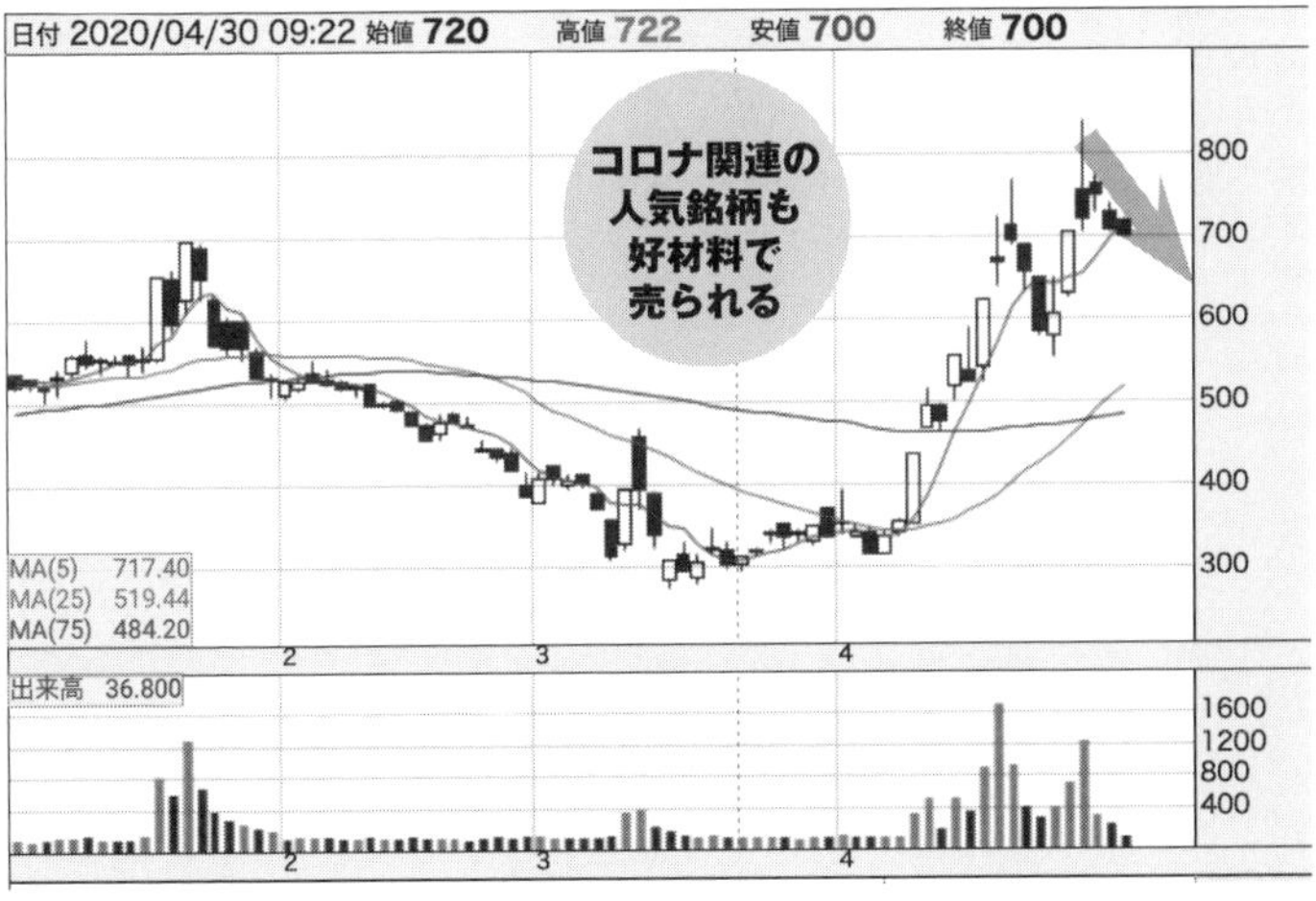

「株探」https://kabutan.jp

鬼100則 27

決算マタギでやられるな

魑魅魍魎《ちみもうりょう》（種々の妖怪変化のこと）の集まりである、株式市場。特に、仕手系の銘柄には、用心して付き合わなければならない。

「決算をまたぐと、やられる」というのは、最近はネットの情報でも度々出てくるので、知っている人も多いだろう。

ここではさらに用心して、それぞれの決算後の株価に注意したい。

特に、危ないのが「好決算」である。

それが前から予想できれば、相場は、先食いをしてくる。

株価は「好決算」を織り込んでくるのだ。

だから、決算で、良い数値が出ても、「材料出尽くし」と、なりやすい。

ここが用心のしどころである。

好決算の後に、更なる好材料はあるのか？

ない。

だから株価は落ちる。

それならば、悪い決算が予想通りに出た方が、「悪抜け」となりやすい。

安心して買えるので、逆に株価は上がりやすい。

市場というのは、株式というのは、実に「あまのじゃく」と言っても良い。

怖いものが出てしまえば、その先の予想が良ければ、むしろチャンスになる。

この仕組み、株価の動きの癖だけは知って、トレードしたいものである。

市場に跋扈《ばっこ》するプレーヤーのたくらみは知っておいた方が良い。

「敵を知り、己を知れば、百戦殆《あやう》からず」である。

6952 カシオ計算機　日足

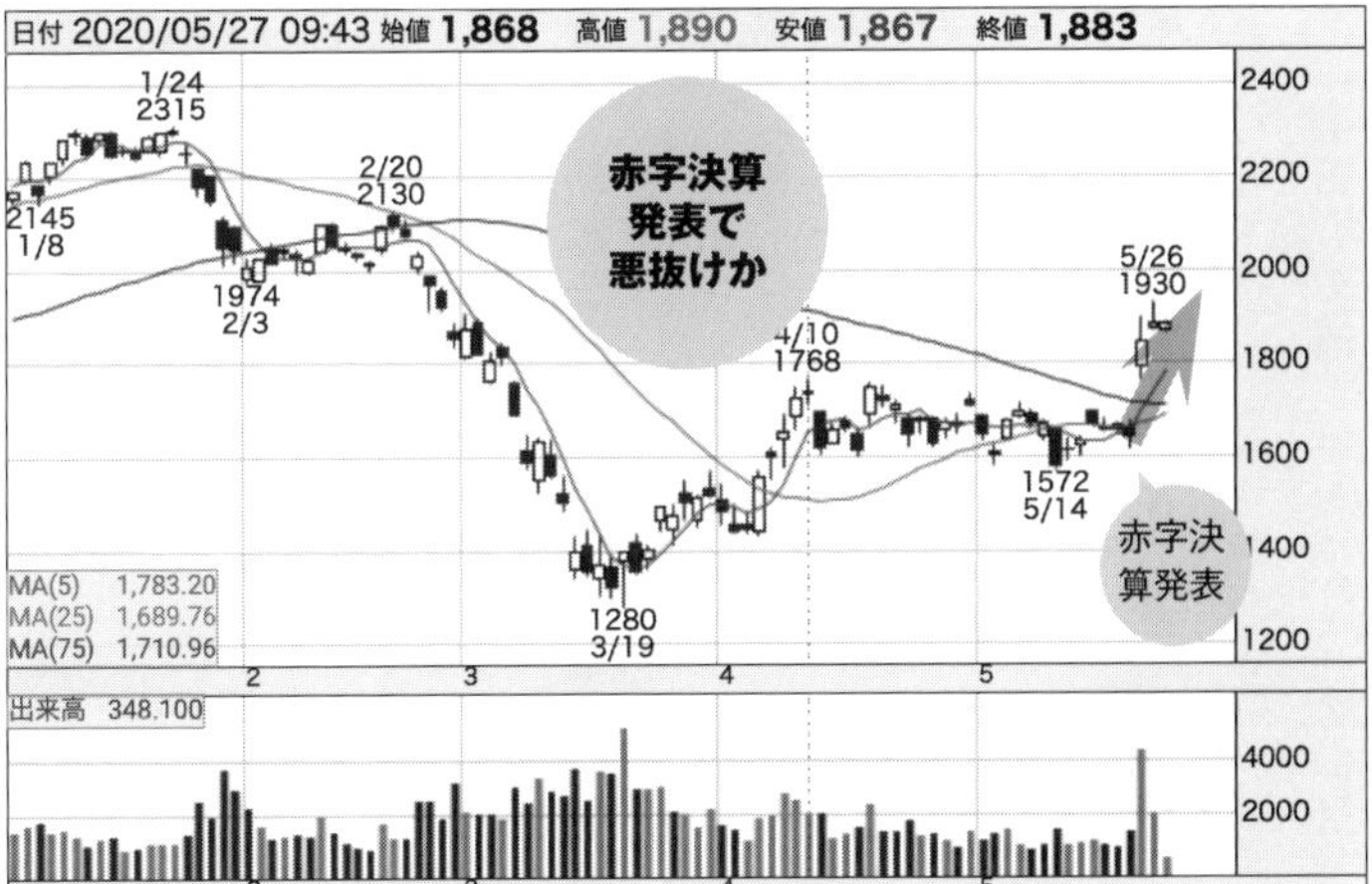

鬼100則 28

好決算で売り建てる理由

これは『株の鬼100則』でも書いたことだが、いざ、デイトレードになると、すっかり忘れてしまう人も少なからずいるので、改めて触れておきたい。

往々にして、**企業の業績好転、サプライズのような意外な業績発表では、**株価は**一時的に跳ねる。**

もしくは、**既に跳ねている。**

そのために、業績好転が発表された翌日の株価はまだ飛ぶこともあるが、次の日はたちまち、「利益確定先行」となりやすい。

なんと、下落するのだ。

この餌食にならないためには、**ほどほどに株価変動の旨味をいただき、手じまい売り**を勧めたい。

ただ、これは業績が意外に良かった場合であり、**「そこそこの業績」であれば、その日**

のうちに株価が下落する。

なぜそうなるのか。

それは、市場では「コンセンサス」というものがある。市場で調査を行い、ファンドや機関投資家に情報提供している人たちが業績予想を出している。

その人たちが儲ける「次の決算予想数値」である。

そこそこの業績で、高いハードルの「コンセンサス」を超えることができなければすなわち、アルゴリズムに組み入れられたデータでは「売り指示」となるのだ。

デイトレでもスイングでも、こうした機関投資家やファンドのコンピュータに組み込まれた「命令」のありようを知っておかないと、とんでもないマイナスを被る。

デイトレには、たくさんのチャンスがあるが、このようなマイナスの要素もしっかり理解し、下落に対応しておかなければならない。

株価はその時の相場の雰囲気も組み込まれるものだった。

しかしアルゴリズムという「冷徹なコンピュータ売買」が多く活躍している今は、極めて機械的な値動きになることを知っておきたい。

鬼100則 29

人より遅く仕掛けて早く逃げる

個人投資家がよく犯す過ちは、「人気銘柄を遅れて追いかける」ことである。

これをやると、「買えば含み損、買えば含み損」の連続となる。

投資に注ぎ込んだお金が次第に減るのはこのためである。


あなたは、横断歩道の安全な渡り方を知っているだろうか。

それは「青信号になってもすぐに踏み出さず、人に遅れて渡り、急いで人より先に渡り終える」方法だ。

何を意味するのか。

交通事故に遭う確率が極めて低くなるのだ。

これは確率の良いトレードスタイルにも応用されている。

動いていない銘柄、人気化していない銘柄を仕込んでも、すぐにはリターンが得られない可能性がある。デイトレには不向きだ。

だから、**「人気化したな」という信号を確認して、トレードに入る。**

しかし、大天井のような大きな利幅を狙わないで、**そこそこ利幅を得られた時点で、利益確定して撤退**する。

これが「安全な横断歩道の渡り方」であり、負けの少ないトレードの手法だ。

「もっと大きく儲けたい」という人もいるだろうが、そのためには、一度に入る枚数を増やすしかない。

人気銘柄の板情報を見ればわかることだが、株価の動きは大きく伸びた後に、ほとんどの確率で「利益確定の売り」が出てくる。

それはファンドが、「そこそこで売っている」からである。

にもかかわらず、落ちてもまだ上がるだろう、などと欲を張って持ち続けていると、「行って来い」の株価となり、何のためのトレードかわからなくなる。

くれぐれも「欲張りのトレード」に忠告したい。

鬼100則 30

物凄い材料が寄り天のなぜ

凄い材料は、投資家を「こんな幸せがあるのか」と至福の思いにしてくれる。

幸せ感、いっぱいだ。

その時点で、ストップ高になるのは、千載一遇のチャンスに出会ったと思うに違いない。

しかし、そこで喜んでいる場合ではない。

小型でも大型でも、その物凄い買いが何日も続くことはそうはない。

誰もが、疑心暗鬼で取引をしているので、ある程度の含み益が出れば、利益確定してしまう。

ストップ高近辺を買うのは、翌日もストップ高、ないしは、高くなるだろう、すなわち、儲けられると考えるからである。

しかし、ストップ高で目標達成となりやすく、翌日は、なんと、朝から弱く始まることさえ少なくはない。

なぜならば、ストップ高でつかんだ人やそれ以前に買った人が「利益があるうちに売ろう」と考えているので、「弱い」と見ると、一斉に売りに走るからである。

だから、トレードの中で「ストップ高」になるような動きの時は、その勢いで購入しても、**ストップ高の時に逃げた方が失敗が少ない**。

なぜなら、その夜に、いかなるマイナスの材料や、もっと強烈な悪材料が出ないとも限らないからだ。

「明日、儲ける」という期待は不確定要素である。

「今日の儲け」を確定させることだ。

期待し過ぎないのが、株で確実に勝つための習慣である。

4531 有機合成薬品工業　日足

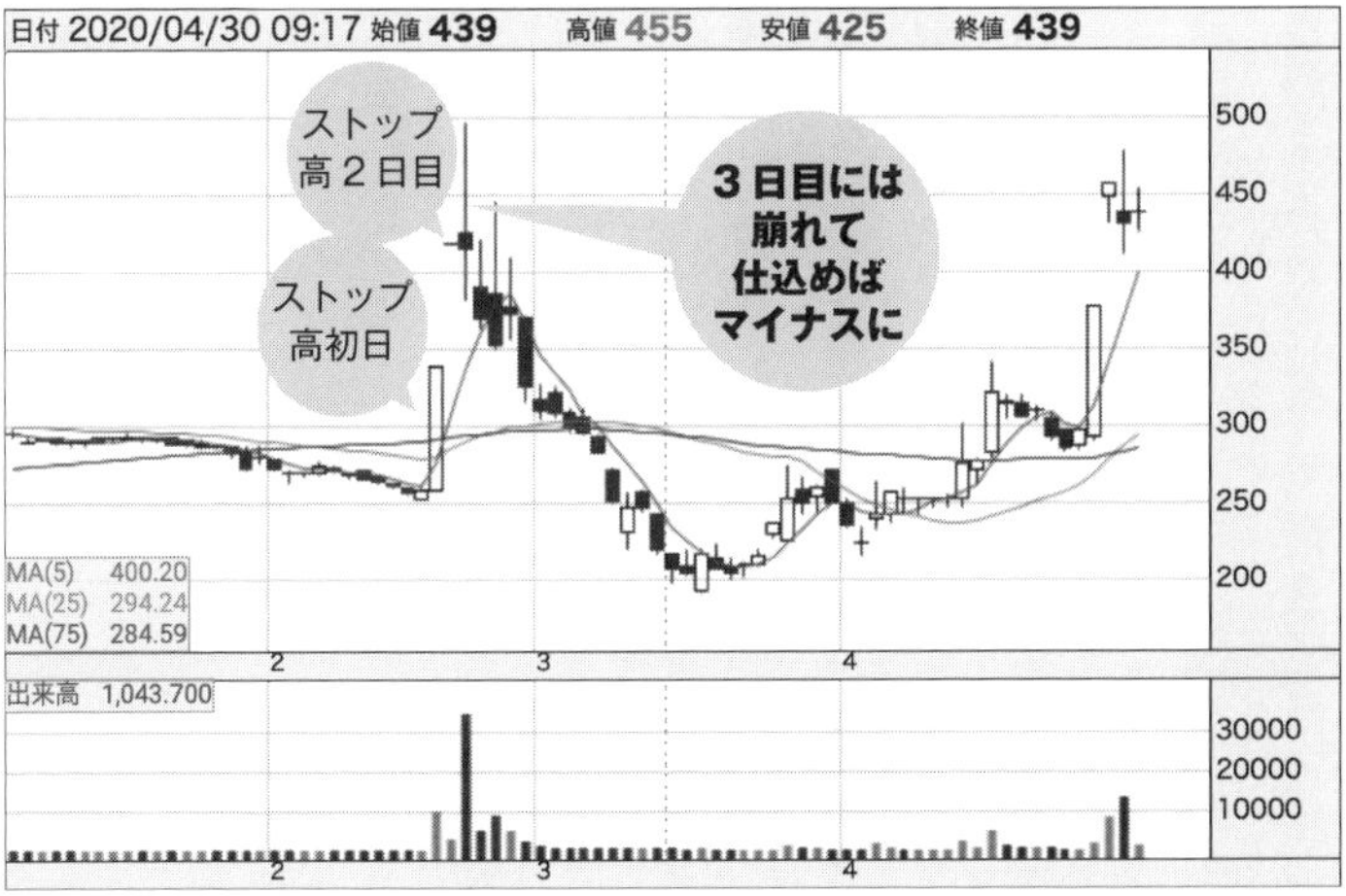

鬼100則 31

知らない動きに旨味がある

株価にまつわる動きでは、「未確認情報」が、実は魅力がある。

「なぜだかわからないが上げている」株価に思惑が広がるのだ。


「知ったらお終い」

この株格言を知っているだろうか。

自社株買いだとか、株式分割というのは、上げても、それなりに織り込まれるが、株価急騰の賞味期限は意外と短い。

株価はいかなる材料であっても、急騰の前に、大体は2・3日前、ひどい時は1週間前から上げている場合がある。

「事情通の早耳」である。

好決算も、分割も、自社株買いも、それが全く秘密裏のまま行われることはまずない。

必ず漏れているると考えるのが、ベターだ。

そのため、「事情を知らないが、わけがわからないが、上げている」状況になる。

この背景には、やがて表に出る「好材料」の存在がある。

「**何だかわからないが、上げている**」銘柄に気付いたとしよう。

情報はないが、チャートに現れている。出来高が増えている。

これが**実は買いのタイミング**なのだ。

そこに、チャート読み、チャート監視の意味があり、ご褒美がある。

しっかり、追跡していきたい。

仕手筋は、知らないうちに仕込んでおき、仕込み終わったら、情報を流し、買いを集めるのが、常とう手段だ。

この仕組みをしっかりと覚えておきたい。

いち早く、株価の異変があることを察知する。

このたゆまぬ努力、習慣にこそ、成果がある。株で勝つための条件である。

鬼100則 32

暴騰の次に下落あり

株価が急騰している時にも、油断は禁物だ。

買われたものは売られる。

これが市場の常識。株価の波動の常である。

急騰、下落にそれなりの材料があっても賞味期限が短い。

この本を書いている最中に、新型コロナウイルスの治療薬として「アビガン」に効果が見られる、期待したい、治験を行っている、と安倍首相が伝えるニュースが流れた。

しかも、世界50の国から引き合いが来ているとも報じられた。

普通ならば、大変なニュースである。

しかし、前にも述べたように株価の賞味期限は2日だった。

それも、製造元の銘柄である富士フイルムは大幅に上がったもののストップ高はせず、原料を作る「デンカ（旧電気化学）」の株価が2日にわたるストップ高を演じて、翌日は下落した。

地球を救うような「大材料」でもこれである。

しかも、デンカの株価は３日にわたり、だらだら下げた。

よく学んで欲しい。

これが株価。人気銘柄の動きだ。

大材料の株価でもこれである。

材料を過信するとやられる。

市場は新しいもの好き。**同じ材料で何日も買い続ける人はいない**のである。

「これはすごい」とばかりに、遅れて飛びつく人が必ずやられるのが、株の世界である。

情報に疎い敗者は勝ち目がない。

夜中でも、早朝でも、情報に目を凝らしている人が勝つのが株の世界である。

4061 デンカ

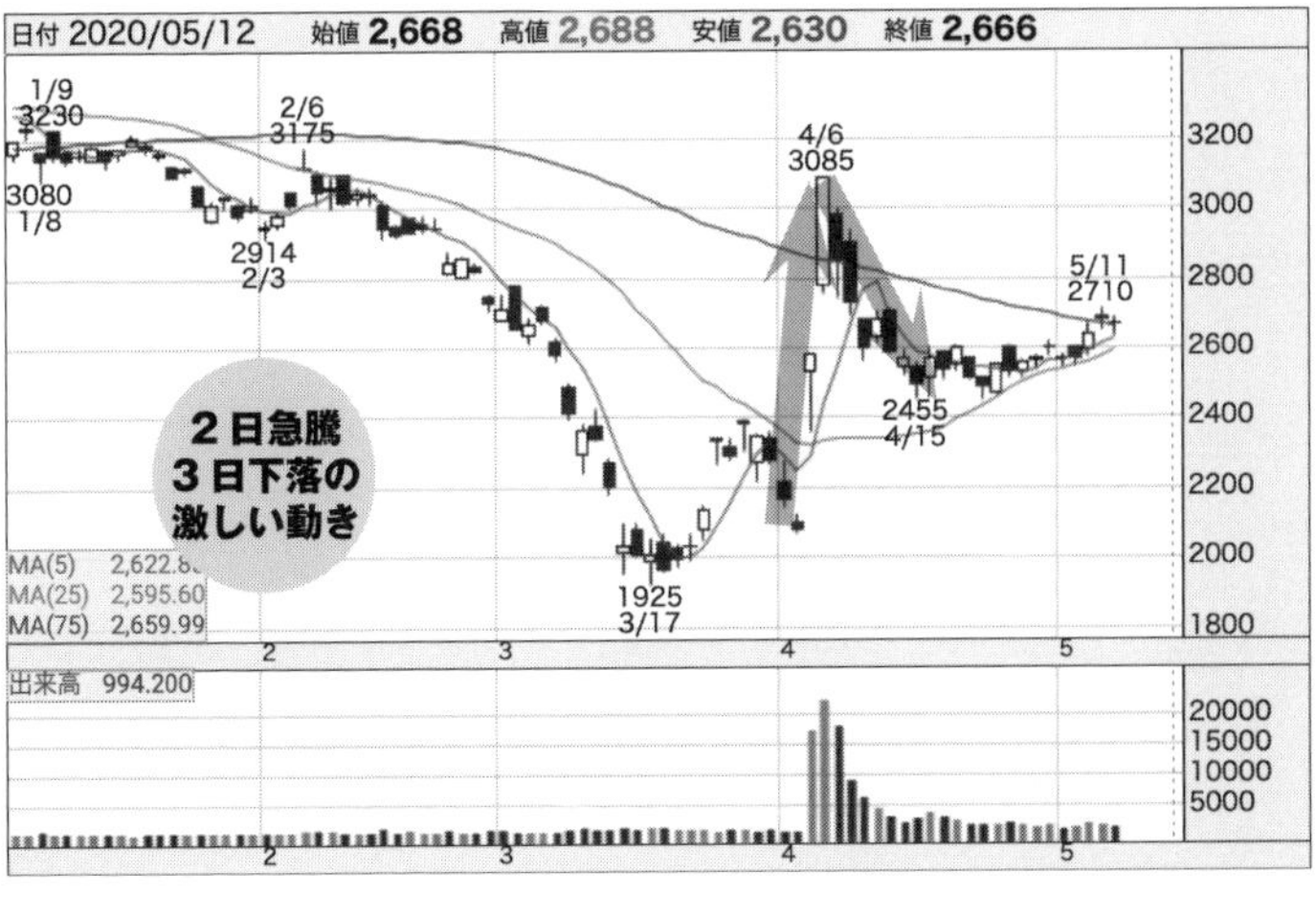

「株探」https://kabutan.jp

第4章

儲かるテーマと銘柄をつかむ

知者は惑わず、仁者は憂えず、勇者は懼れず。

最も強い者が生き残るのではなく、
最も賢い者が残るのでもない。
唯一生き残るのは変化する者である。

チャールズ・ダーウィン

鬼100則 33

トレードに当たっては、大口の流れを把握せよ

今手掛ける銘柄は何が良いのか。

これを知ることは、トレードで大切なことだ。

東京証券取引所の大半のトレーダーは大口である。

情報、テクニック、資金量。

どれ一つとして、個人投資家で勝てるものはない。

いかにすごんでも、蟷螂《とうろう》の斧だ。力のない者が強い者に立ち向かっても意味がない。

まずは、おのれの置かれた立場、実力を知ってかかるべきである。

特に、少ない資金でトレードする時は、独断での投資は火傷を負うだけだ。

先回り買いをすれば負けは少ないが、いつ動くかわからないものに手を出しても、なかなか良い思いはできない。少なくともデイトレ向きではない。

そこで、既に述べたように、「**遅く乗り、早く逃げる**」方法が有効である。

大口は資金量が大きいので、入る時も大きいが逃げる時も大きい。

しかし、アルゴリズムで小刻みに、目にも留まらぬようなスピードで売買するから目につきづらい。

とはいえ、板を見ていると、上値をガンガン買うので気付くことができるし、５分足を見ると、株価の方向がわかる。

個人投資家の短期トレードは、その株価の方向に合わせれば良い。

できれば、**ロットを大きめにして、小幅でも利益がある程度確保できるようにして、素早く利益を取って逃げる**のだ。

言うなれば、「コバンザメ取引」である。

大口の売買に寄り添い、ちゃっかりと稼ぐ方法が勝つ確率が高い。

「長いものには巻かれよ」

この方式で短期売買をすれば、そんなに大きく負けたり、全く動きを止めた銘柄にジリジリすることもない。

楽しくトレードできるのは請け合いである。

鬼100則 34

常に新しい材料が有利だ

デイトレードでは、どのようなテーマを狙うかも重要である。

第一の狙いは「**新顔の銘柄**」である。

この本を書いている時点では、テレワーク、オンライン診療の銘柄が動いている。

在宅勤務の必要から生じたテレワークは、コロナ収束後も世界の流れとして続くことを見越した動きになり、株価にも反映している。

遠隔医療の手立てとして必要とされていたオンライン診療が、ここに来て解禁されたのも、好意的に受け止められている。

また、マスク不足から、ドラッグストアに並んでも買えない時点では、「布マスク」が話題になり、自宅で簡単にできるとあって、ミシン関連に注目が集まった。

ここしばらくミシン銘柄など動きがなかっただけに、インパクトは大きい。新鮮味がある。これが株価変動の旨味につながるのだ。

さらに、オンライン教育、カラオケのオンラインビジネス貸し出し、巣籠もりのストレス解消のアウトドア関連と、トレンドの銘柄は次から次へと連想ゲームのように広がる。

そして、いち早くコロナを克服した（と自負する）中国の経済復興を目指して、コマツや日立建機など、中国での生産や販売の比率の高い銘柄が動く。

さらに、少し時期を待っていた５Ｇ関連も動いてくる。

もちろん、それにつながる半導体関連も順番を待って上げる。

緊急事態宣言解除後には、人の動きに合わせて、どん底にある旅行、航空関連が動く。

小売りもその例外ではない。

このようなテーマ銘柄の流れは、大口も狙う。

注視しておこう。

この波にうまく乗り、素早く利益を取るスタイルがデイトレの秘訣であることは間違いない。

鬼100則 35

日々のニュースから流れを感じよ

株価の変動を見ると、日々の様々なニュースで、株価は動いている。

例えば、オンライン診療でも、日本医師会が「初診だけは対面でないと診療の精度が落ちる」と抵抗していたが、厚生労働省が初診のオンライン診療でも「それなりの報酬を支払う」と明確にした翌日に、メドレー・メドピア・MRTなどのオンライン診療関連の銘柄が派手に動いた。

医師会の希望に厚生労働省が動き、阿吽《あうん》の呼吸でオンライン診療の広がりを意識した株価の動きである。

さらに、原油価格の急落に歯止めをかけるべく、ロシアのプーチン大統領とアメリカのトランプ大統領が減産に向けて電話会議を行ったニュースで原油関連銘柄が動いた。急落した原油価格の「下げ止まり」を意識した連想の買いである。

このように、大口小口を問わず、株の取引をしている人は、ニュースやそこに含まれている企業関連に敏感である。

　個人投資家がこの世界で戦っていくためには、その**ニュースを細大漏らさず、手に入れる努力が必要である**。

　トレードの局面で「どうしてこの株価がこの動きなのか?」というような、とんちんかんな疑問を持っていては「負け」決定である。

　トレードは朝9時から行うが、実際には夜中のニュース、ネット情報、アメリカの動きと、その前から始まっている。

　このトレードの心得を持たないと、投資の確率が落ちる。敗者になることは明らかである。

6095 メドピア

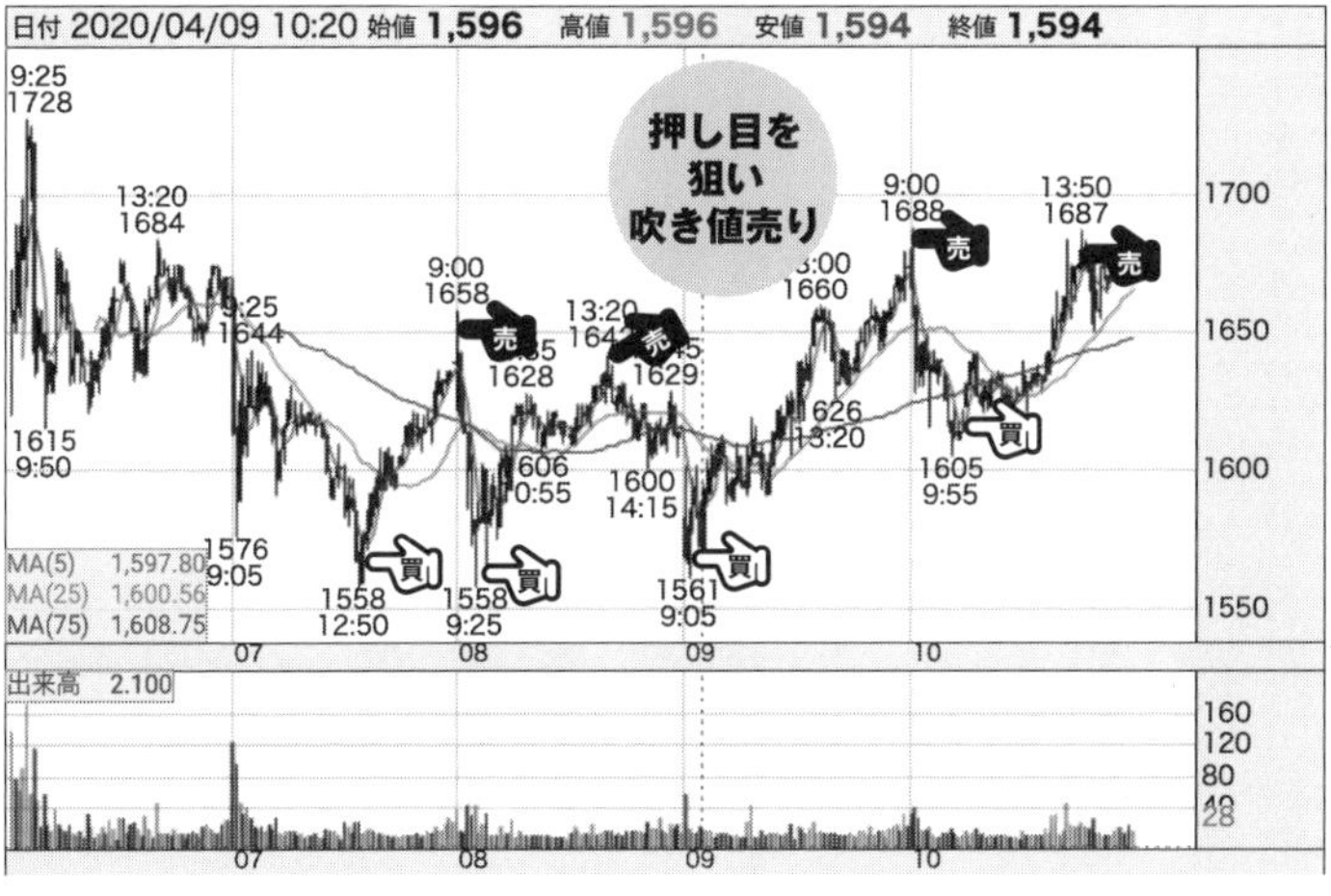

「株探」https://kabutan.jp

鬼100則 36

手垢の付いていない銘柄は大手の狙い

株価の変動に大きくかかわる**材料は、「目新しさ」が命**と言える。

私たち個人投資家が取り組む株の売買では、「意外性」「目新しさ」が、「買い気」を誘う。

ある日、突然に株価が上げてくる。

それに一拍遅れて、「株探」などから、材料らしきものが流される。

「ああ、そうなのか」

ニュースを見て納得したその瞬間に、多くの買いが集まる。

人気銘柄は常にこのような形で作られる。

しかも、次から次へとである。

もっともらしい「裏付け、材料」を出してくるが、おそらくその背後には、仕手筋や大口の思惑がある。

東証の銘柄はどれであれ、丹念に探せば、何らかの材料はあるはずだ。

にもかかわらず、日頃はそれほど注目されることはなく、順番に、タイムリーに材料として掘り起こされてくる。

ファンドや仕手筋にとって、株価を動かす材料には事欠かない。

株式市場は「宝の山」である。

その宝も、大切なのは、「目新しさ、トレンド」だ。

個人投資家は、そのトレンドの材料に、いかに素早く反応できるかで勝負が決まる。

今は、長期投資でじっくりと稼ぐ時代ではない。

コンピュータ売買のアルゴリズムが幅を利かせる市場。

半年先、２年先などどうでも良いのだ。

今日、今の相場がどうなるかである。

そこに、株価変動の材料が注がれる。

そのエネルギーの大波に間違いなく乗り、引き潮の前に「利益確定」という形でトレードを終える。

その繰り返しが、デイトレである。

これがわかれば、株で勝利するのは、それほど難しいことではないだろう。

鬼100則 37

テーマ株は何度も手掛けられやすい

いかに、材料はいくらでもあるとは言っても、その時その時の最大のテーマは、そうは多くはない。

執筆時現在のここ最近のテーマならば、

・新型コロナウイルス対策　・巣籠もり関連　・テレワーク銘柄　・出前の企業群
・ワクチン開発、治療薬　・検査関連　・5G関連　・復興銘柄

このようなものがあるが、おそらくそのど真ん中の一つは任天堂だろう。

「どうぶつの森」。このゲームが任天堂のNintendo Switchソフト第一位の売上となるほど「巣籠もり」の中で子供にも大人にも支持されている。

この材料に飛びつかないファンドや投資家はなく、その周辺銘柄、すなわち、ゲーム株や巣籠もりに活躍する企業が取り上げられ、動いてくる。

おそらく、人類はこのウイルスから多くの教訓を学び、後世に向けたありようを考える

であろう。
新型コロナウイルス収束後は、**世界経済の形は変わる**はずだ。
それをいち早く察知して「コロナつながり」で、トレードしていくことが求められる。
人類は、この極めて多くの経験を無視することはできない。
また一方で、地球温暖化がもたらす自然災害の猛威にも再度襲われるだろう。
それはその時に、新しい材料として「対峙の時」が来るわけである。
市場は、人類は、今日、甘く見てはいけない試練に度々晒される。
智慧と行動、人の生き方のありようが材料になり、株式市場のテーマとなるのだ。

7974 任天堂

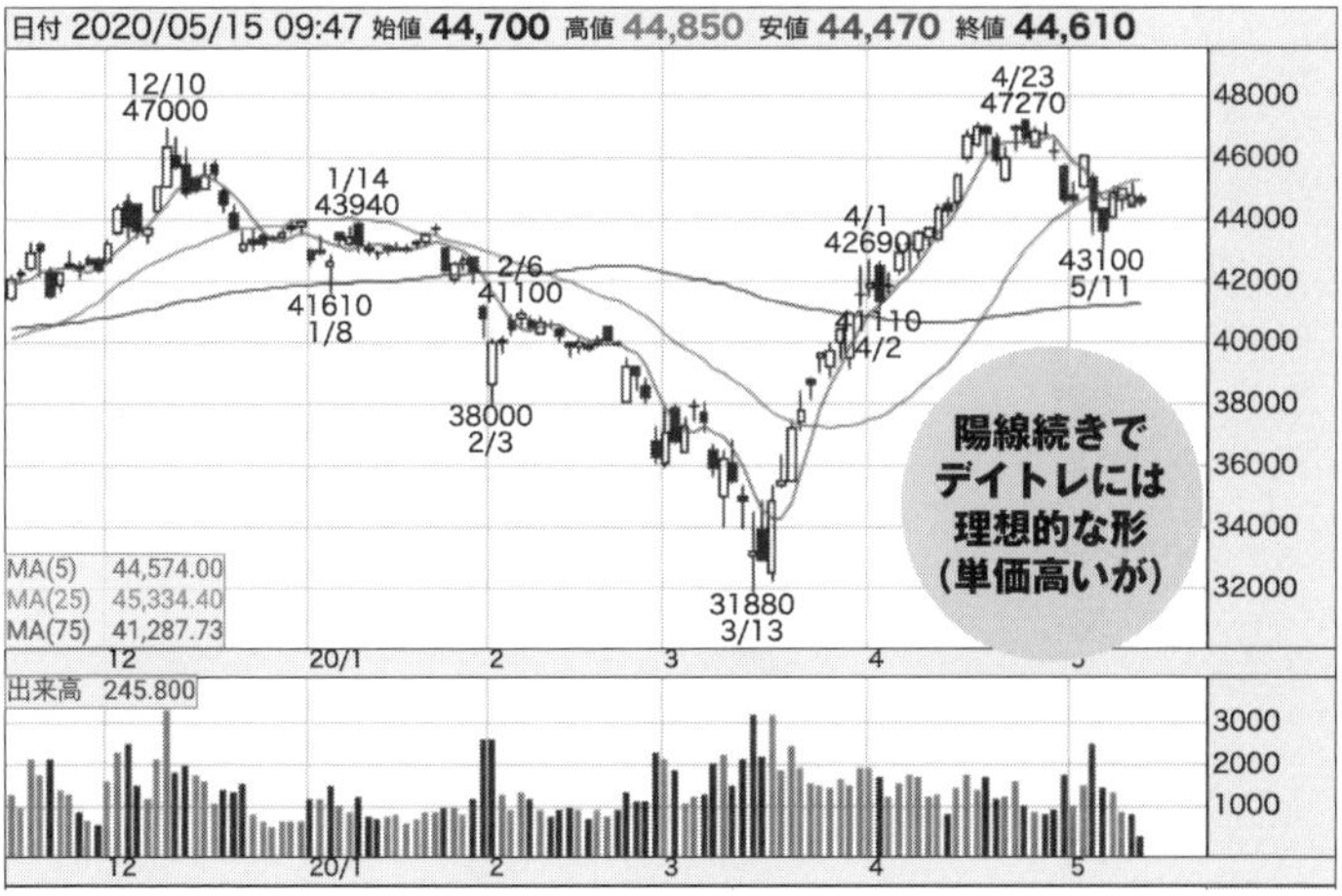

「株探」https://kabutan.jp

鬼100則 38

上げ下げの主導権は大口にあり

株価の変動の主導権を握るのは、大口である。

少ない資金で戦う私たち個人投資家が悔しがっても、どうにもならないことだ。

彼らは当たり前のように「引いたり攻めたり」を繰り返す。

しかも、テクニカルのチャートの教科書をなぞるように相場を作る。

「チャート職人」という言葉があるが、これをうまく活用しながら株価の動きをなぞった方が、支持を得られやすい。

投資家に「なるほど、ここは押し目か」と納得させ、来るべき吹き上げの時も「やはり来たか」という思いをさせて、株価の勢いをうまく操る。

たかがチャート、されどチャートである。

「チャートは過去のもの」と揶揄する人がいるが、江戸時代の米相場から語り継がれ、延々と市場に経験則として利用されてきた株価変動の癖を絶対に無視はできないし、逆にうまく活用しない手はない。

株価変動のありようを極めて高い確率で予測するためにも、チャートを生かそう。

相場は、これをうまく駆使しながら形づくられ、株価変動となり繰り返されるからだ。

大口と言えば、何か巨大な力のように思うかもしれないが、実態を見れば、「背広を着たサラリーマンたち」である。

恐れるに足りない。

その辺にいる普通のサラリーマンに、身銭を切って勝負している私たちは負けるわけにはいかない。

そのための「武器」「作戦の術」を本書で養い、「常勝の手立て」を獲得して欲しい。

3549 クスリのアオキホールディングス

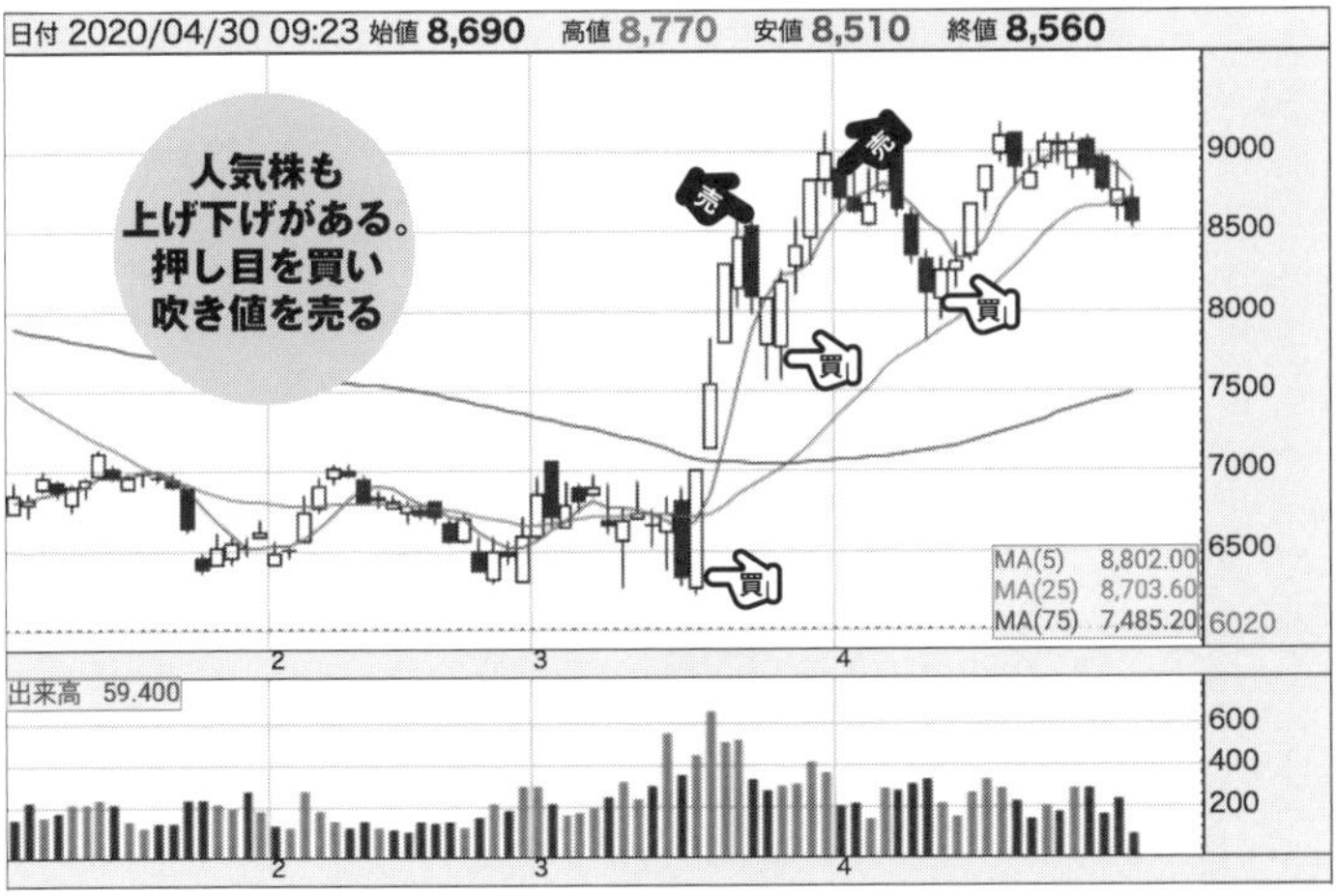

鬼100則 39

リバウンドを過大評価するな

市場の流れについて行かないと、株式市場では生き残れない。

大口が席巻し、流れを作る市場では、いかに業績の良い優良の銘柄でも、市場が「戦時」である時は、不人気銘柄、「蚊帳の外」になりがちだ。

新型コロナウイルスの激変相場の後は、主な企業は何処も相当ダメージを受けている。メーカーのサプライチェーンは破綻し、サービス業は休業や縮小を余儀なくされた。人が動かないから、旅客業は壊滅的だ。

収束後も、業績へのダメージは極めて大きいと、覚悟してかからなければならない。

ここ2・3年、あるいはもっと長期にわたり、負の影響を引きずるかもしれない。

「優良株に戻るのはいつか」

期待もあるだろうが、世界中が「新型コロナウイルス」にやられてしまっているので、元の成長軌道、拡大軌道に戻るのは、容易ではない。

もちろん、「最悪は脱した」という意味での、リバウンドはあるだろう。

しかし、それは一時的なリバウンドに過ぎない。

企業の成長ではない。

例えば、今話題の「５Ｇ」関連企業であっても、それがコロナ前の軌道に乗るのは、いつのことか。

あの「リーマンショック」の後も、金融をはじめ、企業業績が成長軌道に乗るのは、容易なことではなかった。

それをしっかり飲み込んだ上で、銘柄を選び、投資の作戦を考えるべきである。

淡い期待や妙に楽観的な考えで銘柄の選択をすれば、とんでもない期待外れになる可能性があることを心得たい。

もっとも、長期の投資は別だ。低くかがんだ今が、仕込み時とも言える。

鬼100則 40

ストップ高が翌日も美味しいとは限らない

昨今の相場を見ていると、旬な材料であれば、すぐに反応して多くの買いが集まり、割合に簡単にストップ高になる。

しかし、この動きは、あくまでも「材料への付和雷同」であり、本来の人気化ではない。まるで、「モグラたたき」のように、「材料」に、人や金が集まっているだけだ。

ただし、成長する企業ではなく「当面の好材料」なので、その命は短い。**集まるのも速いが、逃げ足も速い**のだ。

言うなれば「ばくち相場」である。

そんな銘柄に手を出したくない。

そう考えるのがまっとうだが、今、まともに動けるような「国際優良銘柄」の環境はない。だから、当面の作戦として、その場の人気銘柄に資金が集まる。投資家が動く。

しかし、平時ではない時は、めまぐるしくターゲットは変わる。

例えば、新型コロナウイルスの特効薬として人気化した富士フイルムに対して、アメリカの格付け会社は「格下げ」をした。ウイルスの薬の業績寄与度は大したことはないという判断である。

たしかに、薬品の売上の業績寄与度はそれほどかもしれない。格付けは納得できるが、その材料に群がっていた投資資金は、関連銘柄から水のように引いていった。

どのような材料も、格付け会社から、冷や水を浴びせられないように用心したいものである。

もし、付和雷同方式でやるならば、「短期勝負」で対峙し、常に「その先の相場」を意識しながら、トレードするべきである。

「戦時から平時へ」。

その日を意識し、柔軟に対応したいものである。

8285 三谷産業

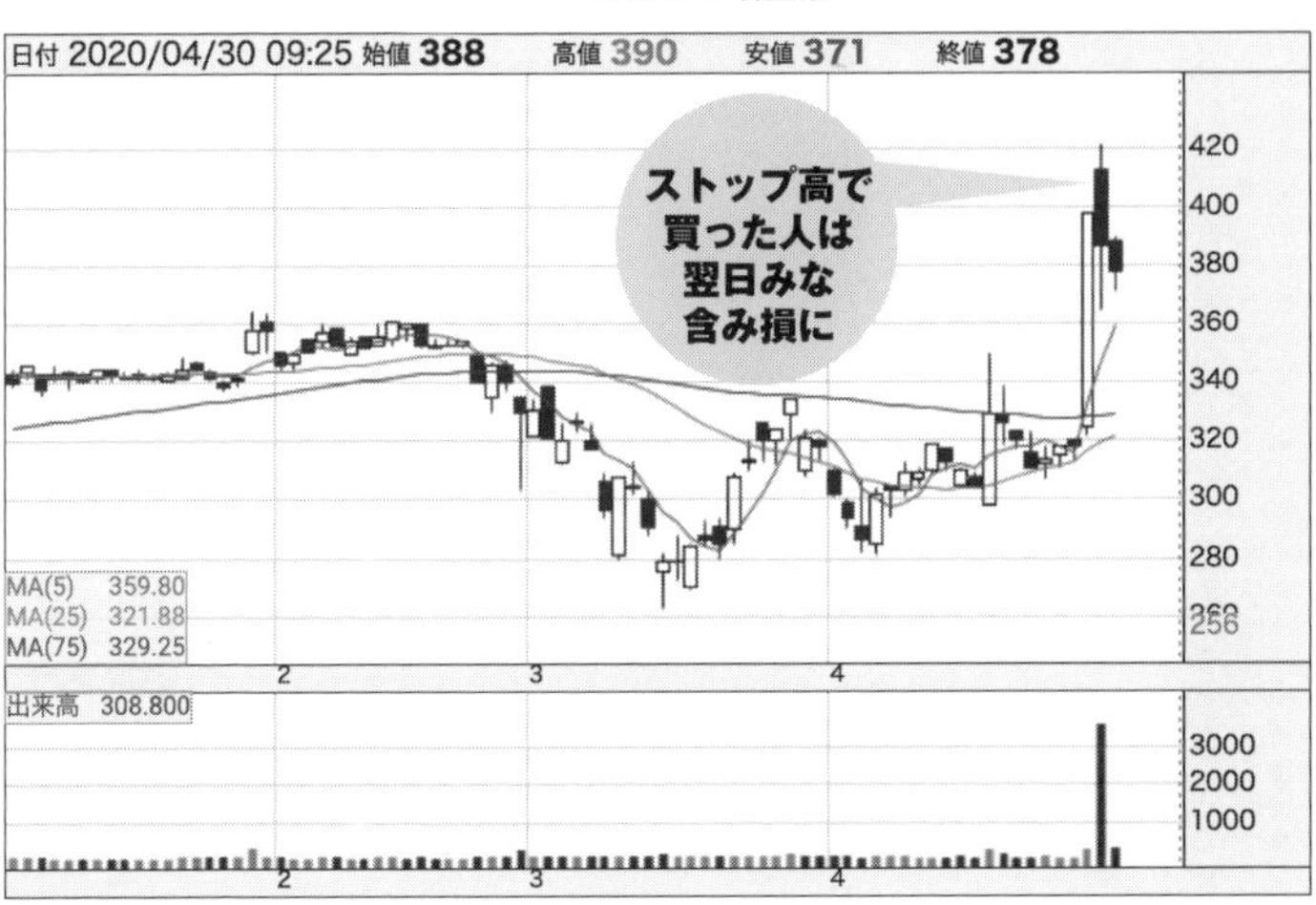

「株探」https://kabutan.jp

鬼100則 41

大きな流れには逆らえない

株式市場へ流れ込む資金は、その行動で「差益が取れる」「含み益が獲得できる」との考えがあれば膨らむ。

だから、市場環境が良ければ、売買代金は増加する。

しかし、「リスクオフ」、すなわち、敢えてリスクを取るような環境にはないと大口が判断すれば、資金は株式市場には流れて来ない。

この動きを肌身に感じてトレードを行うことが大切である。

ただし、そういう時期にも全く出来高がないかと言えばそうではなく、小型の値動きの激しい銘柄に資金が集中しやすい。

少しの出来高で値動きが荒くなるので、アルゴリズムの盛んな取引では、差益を取りやすいからだ。

大きなファンドでも、この小型株の取引には参加している。

そのために、ストップ高の銘柄が閑散相場でも結構多くなる。

この動きで注意しなければならないのは、**大口のトレードは、２円抜き、５円抜き**で勝負していることだ。ある程度の出来高が前提だが。

個人投資家のようにストップ高を期待して、翌日にさらに伸びたタイミングを狙うような「不確実性」の高い取引はしていない。

相手がこの取引をしているのだから、これに勝つためには、**小幅での利益確定を目指す**しかない。

敵の先を行くような売買の手法が必要である。

もちろん、大型の銘柄が全く動かないわけではないので、その時のテーマ銘柄に集中して、勝負を挑む。

大口の狙う銘柄に相乗りする俊敏な行動が求められるのである。

鬼100則 41

日経の動きはほとんどの銘柄に影響する

新興市場の小型の銘柄や一部の仕手系の銘柄は別にして、ほとんどの銘柄は日経平均株価、ＴＯＰＩＸ指数に連動しがちであることは心得ておきたい。

自分の手掛けている銘柄は「小型材料株」だから、市場の弱さには関係ない。

そう考えて取引をすると、失敗が多くなる。

いかに多くの利幅があっても、平均株価が弱い時は、「逃げ時」を探す方が賢明である。

とはいえ仕手系の銘柄は、相場低迷の時期にさらに注目されるように仕掛けてくることがある。

仕手本尊（仕手の中心人物）**は「逃げ時」を探しながら、または上客を逃がしながら買い上がっているの**だ。

平均株価の動きは、市場の「強気、弱気」の反映なので、相場低迷の時に、敢えて資金を投入すると、損が膨らむ可能性が高くなる。

だから、下落の環境で、資金を最大規模に投入するのは勧められない。

相場環境に応じた資金管理が投資の成功を左右する。

もし、市場がリスクオンになり、出来高が急増し、急騰する場面では、小幅での利益確定を前提にして、ロット勝負で挑むのも良いだろう。

相場が明らかに「右肩上がり」になる時は、外資などの資金も多く流入してくるので、チャンスが増える。

こうした相場環境の変化に敏感に対応することが大切だ。

3939 カナミックネットワーク

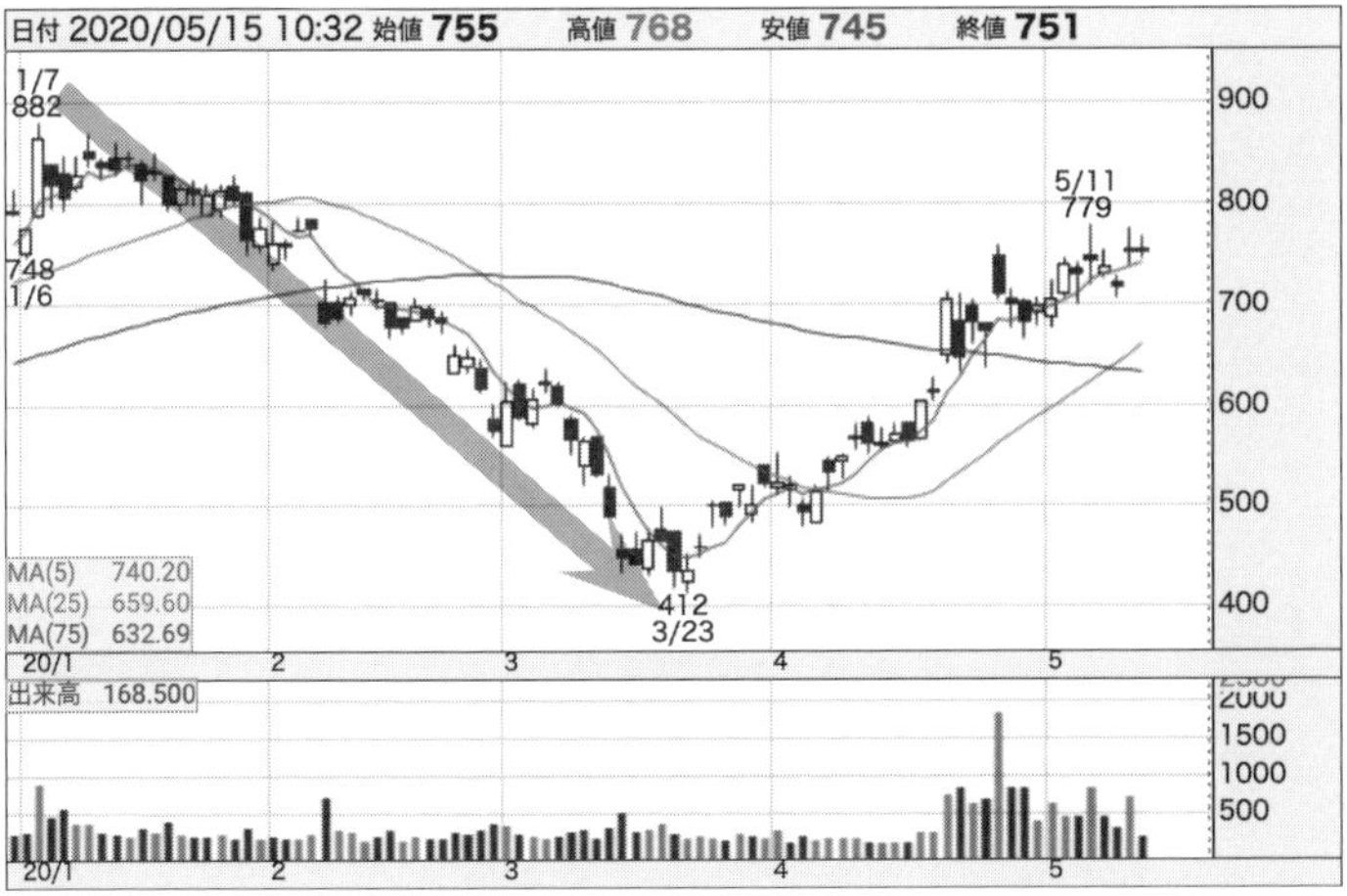

鬼100則 42

大手の動きや思考を読む

大手のプロたちは、チャートや出来高から、それなりの展望を持っている。

半値戻し、三分の二戻し。

このような節目を大切にする。

株価は上げ下げを繰り返しながら、一つの方向に向かうが、ただ、無暗《むやみ》に動いているわけではない。

株価の割高、割安。

「一目均衡表の雲抜け」などの目安を参考にしながら、相場を読み、売買の判断をし、トレードしている。

さて「ストックボイス」という株式市場専門の番組をご存じだろうか。

テレビやインターネットで見られ、リアルタイムに株式に関する材料やテクニカルに関する解説を放送している。

証券マンやその道のプロたちの生解説で、まさに大口の考え方を反映しているのだ。

「お得感満載」の番組であり、トレードの参考にぜひ見ると良いだろう。

材料や相場観の発表は、プロたちの考え方を反映しており、そこでの考え方は、明らかにその日の相場にも影響している。

銘柄に対する材料も頻繁に出て来る。裏事情とまでは言えないが、その道の事情筋の考え方、相場観はわかるだろう。

こうした知見をしっかりと取り入れて相場に生かしていきたいものだ。

また、ネットにほぼリアルタイムで情報提供をしている「株探」のニュースも欠かせないネタである。

ストックボイス
https://www.stockvoice.jp
TV では、「TOKYO MX2」（関東圏）や「サンテレビ」（関西圏）、「三重 TV」（中京圏）。インターネットでは、Yahoo! ファイナンスでも動画配信中。

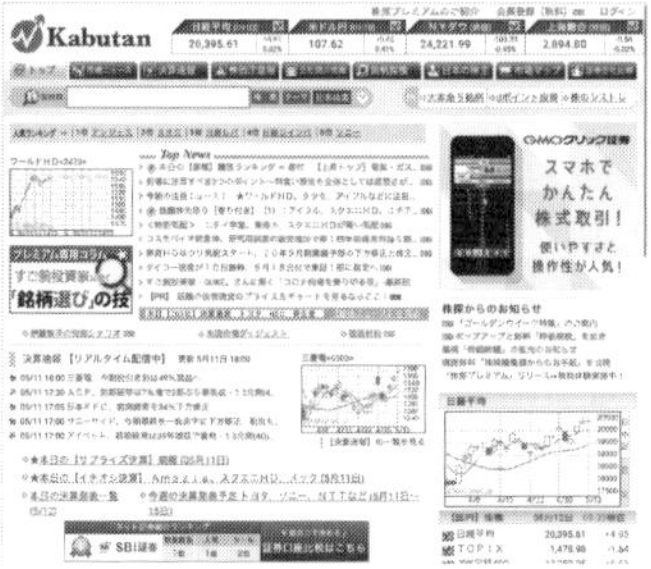

株探
https://kabutan.jp
株式情報、速報、投資家コラムなど情報満載。
本書掲載のチャートもここから。
とにかく見やすい、使いやすい。

鬼100則 43

ネットにこだわらず、街へ出よ

自宅でデイトレをしていると、ついつい画面ばかり見て、他のことに目が行かなくなる。

それは良くない。

運動不足で血の巡りが悪くなると、考え方が固定化する。

感情的なトレードに陥ってしまう。

それを避けるために、私は街を歩くことにしている。

街にはコンビニをはじめ、レストラン、不動産屋、八百屋、床屋、美容院、クリーニング店など、様々な情景がある。

そこから、私は情報を得る。

株価は企業活動の反映。

その生きた経済は、街に現れる。

歩く人たち、親子の動きからも、今、何が起きているかがわかる。

そう。株価変動のネタは街にある。人の動きにある。

それを肌身で感じることが株の売買で成功するカギである。

現場を見る。

マンションの建設現場があれば、注目してみる。

働く人の動きを見る。

何を食べるかも見る。

全ての情報を背景にして、株価の動きはある。

ネットだけに埋没する相場などありえないのである。

「情報だけ見よ」と勧める本もあるが、**情報は、我々全ての身の回りにある**ことを忘れてはならない。


外出自粛期間中は、人出の絶えた街中ではなく、犬と歩く川辺や公園で人を見た。

犬に話しかけてくる小学生から、ゲームの人気を知った。

何処からも情報は得られる。

時にパソコンの電源を切って、町へ出よう。

第5章

いざ、勝負の朝

相場は常に絶対的に正しい。それに対して、人間はしばしば誤った予想を抱き、進む道を踏み誤る。だから、相場の動きに相場師の方が合わせるのだ。

ジェシー・リバモア

偶然は準備のできていない人を助けない。

ルイ・パスツール

鬼100則 44

まずは、寄り付き前の板で予測せよ

さて、いよいよ、デイトレード、その朝である。

今日の成績は、9時からの相場開始で決まるが、実はその前の準備が大きな要因になることを知らなければならない。

その日に人気が集中する株価の動きは、朝の気配値よりも前から始まっている。

前日の大引けの後から、既に始まっているのだ。

まず、15時には、往々にして、企業の決算や様々な情報の開示がある。

また、夜にはNY市場で政治経済の動きがあり、これは東京の株価に反映される。

その情報をどれだけ把握しているかで、この日の相場への対応が違う。

もちろん、株価変動に影響しない材料もある。それは、場が始まってからの勝負である。

トレードを生業としている人たちは、一晩に何十ものチャートを確認する。何百の時もある。

この中から、翌日に動きそうなチャート、銘柄の候補を選別しておく。

この蓄積で臨むのだ。

敵がこれまでの準備をしているのに、「ノー天気」でデイトレに臨めば、負けは初めから決まったようなものである。

心して、後悔のないトレード前の準備を１２０％しておくことが大切だ。

それを前提にして、朝の８時から表示される「板情報」を確認する。

準備万端で気力を整えて臨む体勢こそが戦うに際して必要なことである。

売り買い拮抗している

28,300	成行	29,500
売	気配値	買
124,100	OVER	
500	1193	
1,500	1192	
1,400	1191	
800	1190	
600	1189	
1,100	1188	
3,800	1187	
200	1186	
400	1185	
15,100	1184	
	1183	15,100
	1182	100
	1181	500
	1180	500
	1179	500
	1178	900
	1177	500
	1176	500
	1175	500
	1174	500
	UNDER	77,800

鬼100則 45

板は、8時過ぎと9時前が肝心

寄り付き前の「板情報」は、午前8時ちょうどから、ネット証券等の画面に更新された情報が表示される。
もちろんその前から板自体を見ることはできるが、リアルタイムの情報更新はなされない。

「静」の状態から、8時に「動」に入る。

板に表示される「売りと買いのデータ」は、寄り前に出された注文である。
これで、その日の投資家の銘柄に対する強弱感がある程度つかめる。
しかし、それで決まるわけではない。
大口の投資家は、板の様子を見ながら、注文を這わせる。
そのために、**寄り付き前の板は、時々刻々と変わる**のが一般的である。

朝一番に「ストップ高、ストップ安」が表示されても、そうなるとは限らない。いざ9時になり、売買が開始された後には、「特別買い気配」と表示されていた強い銘柄が、ストップ高にはならないで寄り付くことはいくらでもある。

売買の動向は、相手があってのことだから、トレーダーはその動きを見ながら、瞬時に考え方を変える。

市場の背後で動く投資家の変化を敏感にかぎ分けることが必要である。

国内はもちろん、世界中から集まる投資資金の動きだ。

油断しないで読み切って欲しい。

売り買い共に厚く拮抗している

--	成行	--
売	気配値	買
3,014,800	OVER	
59,900	1193	
25,300	1192	
8,700	1191	
36,900	1190	
58,800	1189	
26,300	1188	
11,100	1187	
22,900	1186	
23,400	1185	
6,900	1184	
	1183	5,700
	1182	114,500
	1181	9,800
	1180	14,600
	1179	13,000
	1178	20,400
	1177	8,400
	1176	19,500
	1175	15,300
	1174	6,700
	UNDER	2,262,300

今日の値動きを板から予測する

寄り付き前でも、寄ってからでも、板の動きを見れば、その日が「買い優勢」か、「売り圧迫が強い」かが、大まかにわかる。

これをしっかりとつかんでトレードに臨むことが大切である。

板のバランスは、様々なことを織り込んで、朝の8時から午後の3時まで動く。上げたり、押したり、めまぐるしい。

投資家の様々な思惑が交錯して、株価が動く。

板を見ていればわかるが、**強い時（買いの方がダントツで多い状態）は、上値をぐんぐんと駆け上がる。**

利益確定の売りはあるが、それを上回る買いが湧いてきて、株価の方向は上を向く。

また、**小型株は100株単位という個人投資家特有の枚数が多いが、ファンドが入っていると、1000株、5000株というような株数での注文が目立つ。**

もちろん、東証一部の銘柄と新興市場の銘柄、また、資本金、時価総額により板の注文は異なる。株価の位置でも当然変わる。

これらを総合して、売買のぶつかりが激しく行われて、板が表示される。

激しい売買、出来高の急増では、めまぐるしく売買の表示が出て「目が痛くなる」と言う人もいるが、これを読み切らないとデイトレの成果は上がらない。

初心者には、「慣れ」が必要である。

何しろ、「戦い」なのだから。

小型株は個人投資家の刻んだ数字が積み上がっている

--	成行	--
売	気配値	買
495,900	OVER	
2,200	2472	
400	2471	
6,900	2470	
1,400	2469	
500	2468	
1,400	2467	
900	2466	
2,400	2465	
1,400	2464	
400	2463	
	2462	300
	2461	200
	2460	600
	2459	700
	2458	700
	2457	600
	2456	1000
	2455	800
	2454	1200
	2453	900
	UNDER	253400

鬼100則 47

UNDERとOVERのバランスを見る

今日のこの銘柄は上がるのか、下がるのか、横這いかは、板のバランスを見れば、大体はわかる。

寄り付き前の朝一番の気配値を見る時に、**「売り」の方の「OVER」の株数と、買いの方の「UNDER」の枚数を確認**したい。

大体は、片方が圧倒的に多いということはなく、売りの方、すなわち、OVERの方が少し多めである。

これは、上値に指値の売りが入っているためだ。

ところが、**急騰が予感される銘柄は、買いであるUNDERの枚数が圧倒的に多い。**

これは買いたいが「少しでも安く」という人が多いためだ。

もちろん、買いたい注文の枚数が多いからだが、そのバランスで銘柄への人気度がわかる。

日によってテーマ銘柄はくるくる変わるので、売りと買いのバランスの違いも変わる。

また、場中でも、買われて上げる銘柄にはＵＮＤＥＲが急激に増えてくる。

際限なく上げるわけではないが、傾向はつかんでおくと良い。

大体の傾向をつかんでおくことで、大局での株価の方向を判断できる。

それぞれの銘柄への投資行動は、板に対する注文となって現れる。きちんと注目して売買したい。

買い気配が圧倒的に強い

--	成行	--
売	気配値	買
1,599,800	OVER	
100	1232	
300	1231	
100	1230	
300	1229	
9,200	1228	
2,000	1227	
100	1226	
100	1225	
4,000	1224	
885,500 前	1223	
	1222	前 896,400
	1221	8,700
	1220	41,500
	1219	1,700
	1218	2,900
	1217	1,200
	1216	1,600
	1215	9,600
	1214	100
	1213	4,300
	UNDER	3,380,500

昨日までの出来高と値動きを確認しておく

株価の上げ下げの傾向は、取引をするネット証券のサイトを見ればわかる。

出来高と株価の上下の動きは一目瞭然だ。

それと日足を確認すれば、その銘柄が人気化しているのかが見える。

一方で株価は変動しているが、出来高は増えておらず、人気化したとは言えない場合がある。

単に値動きだけで判断すれば、「上げたり下げたり」の往来相場で「薄商い」に終わることもある。

人気化の動きか、往来相場なだけか。

この区別をしっかり把握すれば、その後の株価を的確に予測し、利幅を取るチャンスをもらえる。

やみくもに上げに飛び乗るのではなく、株価のうねり、勢いを肌身で感じながらトレードすることが望ましい。

デイトレはとにかく激しい動きに乗るものと誤解している人もいるが、それぞれの銘柄のトレンドを読まずに雰囲気で売買をするのは、失敗のもとになるので、注意したいところだ。

勝つためには、それにふさわしい「勝負の日」が必要である。

手掛ける銘柄は、**出来高が明らかに増えている傾向の銘柄に絞り込む**のが、好ましい。

売り買いの方針は押し目買い、吹き値を売る。このスタイルに徹したい。

勝利の確率も上がるので、しっかり確認して欲しい。

4563 アンジェス　日足

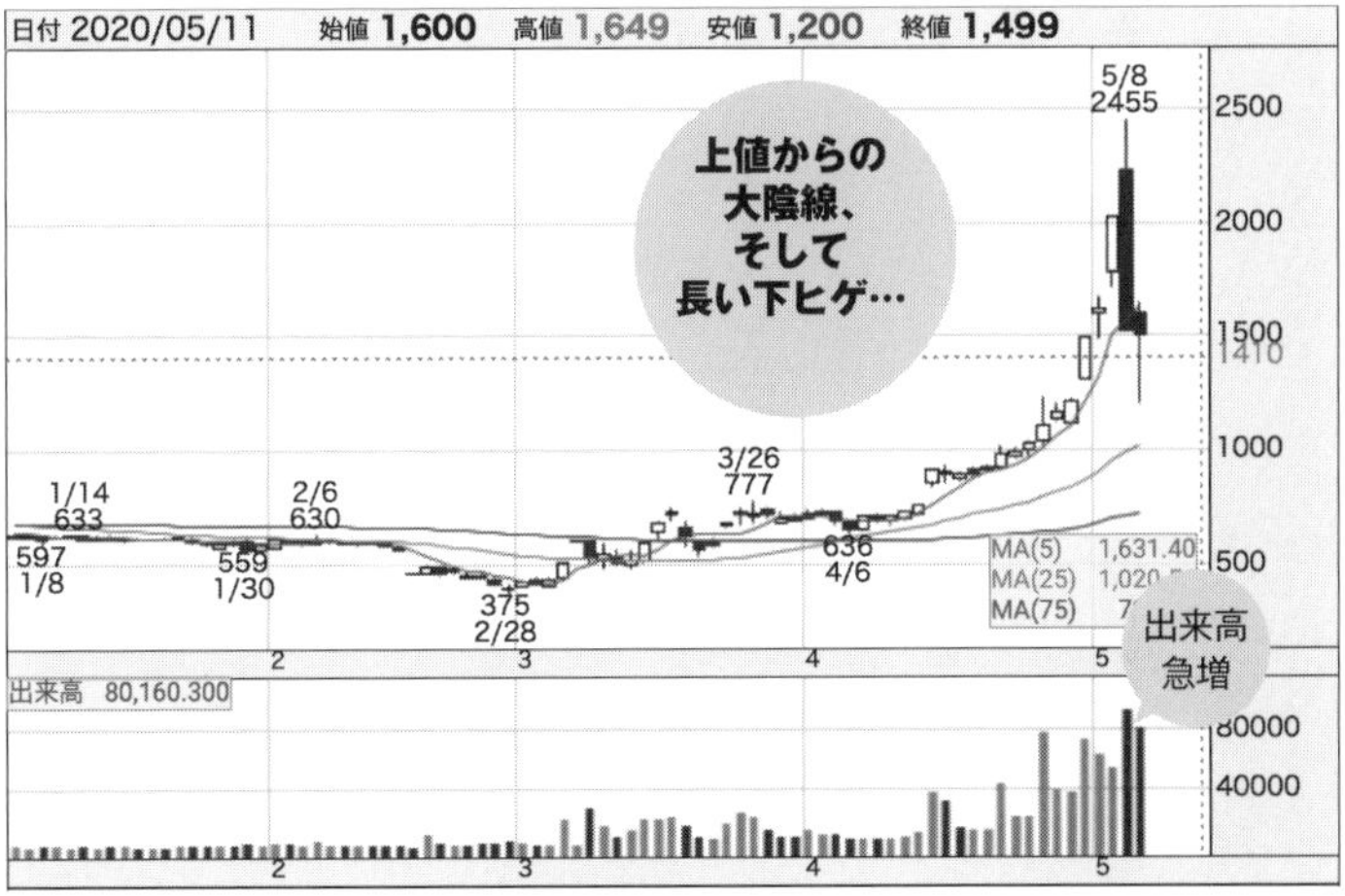

「株探」https://kabutan.jp

鬼100則 49

出来高の増加と株価の勢いは比例する

既に述べたが、株の売買の出来高と株価の勢いはある程度比例する。

「ある程度」と断るのは、市場が恐怖に包まれて、**暴落する時も出来高は増える**からだ。

ただ、通常は人気化すれば、「買いたい」という人が増え、その銘柄の売買頻度が増え、売買出来高が増える。これが株価が上がる時の傾向である。

いきなり急騰し、ストップ高に至るような銘柄は、チャートの棒グラフでも、突然の出来高急増のデータが描かれる。

株価の上げ下げだけでは、本当に強いのか判断できないが、出来高が倍増、3倍、5倍と増えて株価が上げていれば、明らかな「人気化」が読めてくる。

株価は「満ち潮、引き潮」のようなもので、**潮が満ちてくる時は、圧倒的な買いで株価が押し上げられる**。

買いが勝っている動きの時に買えば含み益が多くなりやすく、間違いが少ないのだ。

6098 リクルート

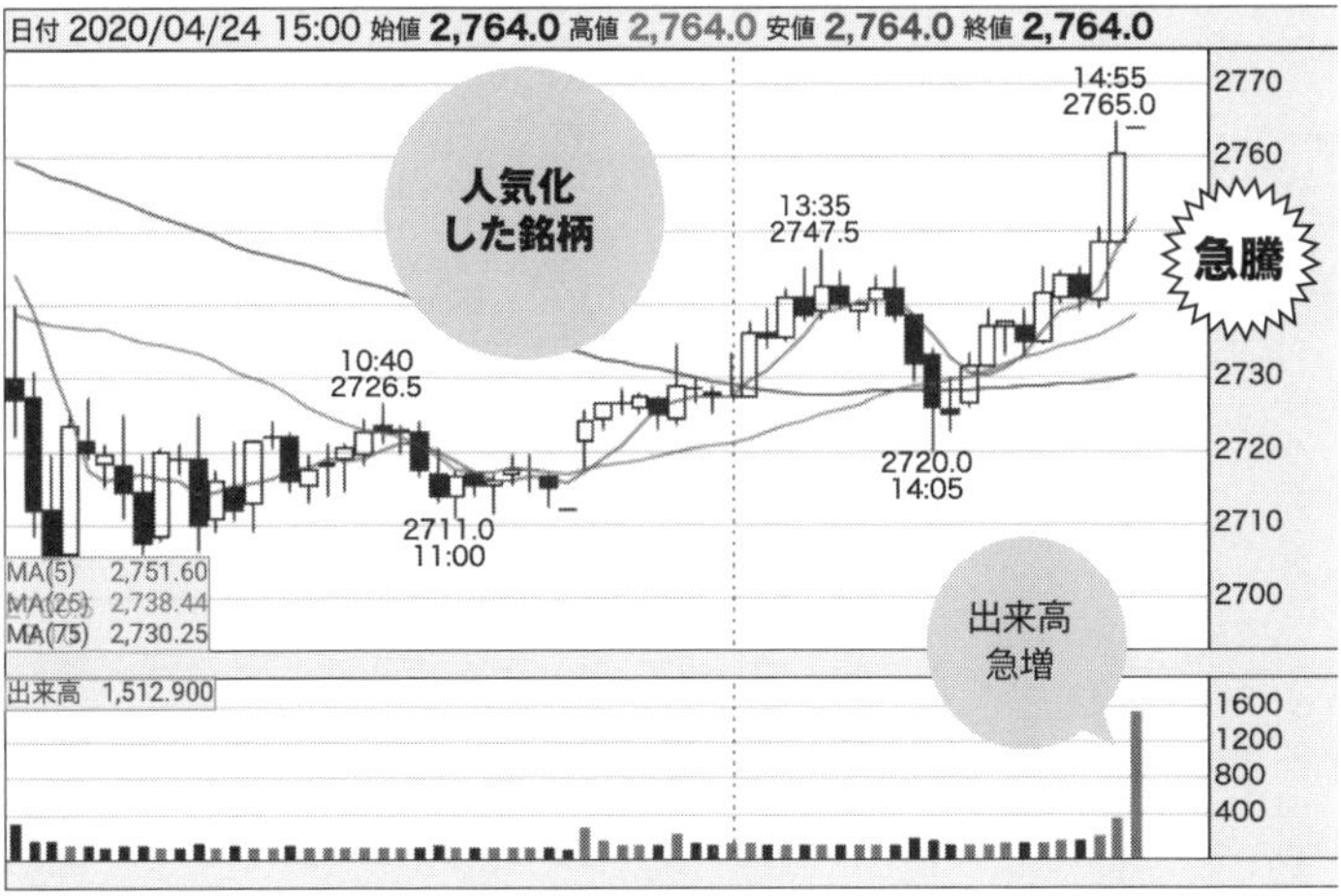
日付 2020/04/24 15:00 始値 2,764.0 高値 2,764.0 安値 2,764.0 終値 2,764.0
人気化した銘柄
急騰
14:55
2765.0
13:35
2747.5
10:40
2726.5
2711.0
11:00
2720.0
14:05
MA(5) 2,751.60
MA(25) 2,738.44
MA(75) 2,730.25
出来高 1,512.900
出来高急増
2770
2760
2730
2720
2710
2700
1600
1200
800
400

8630 SOMPO

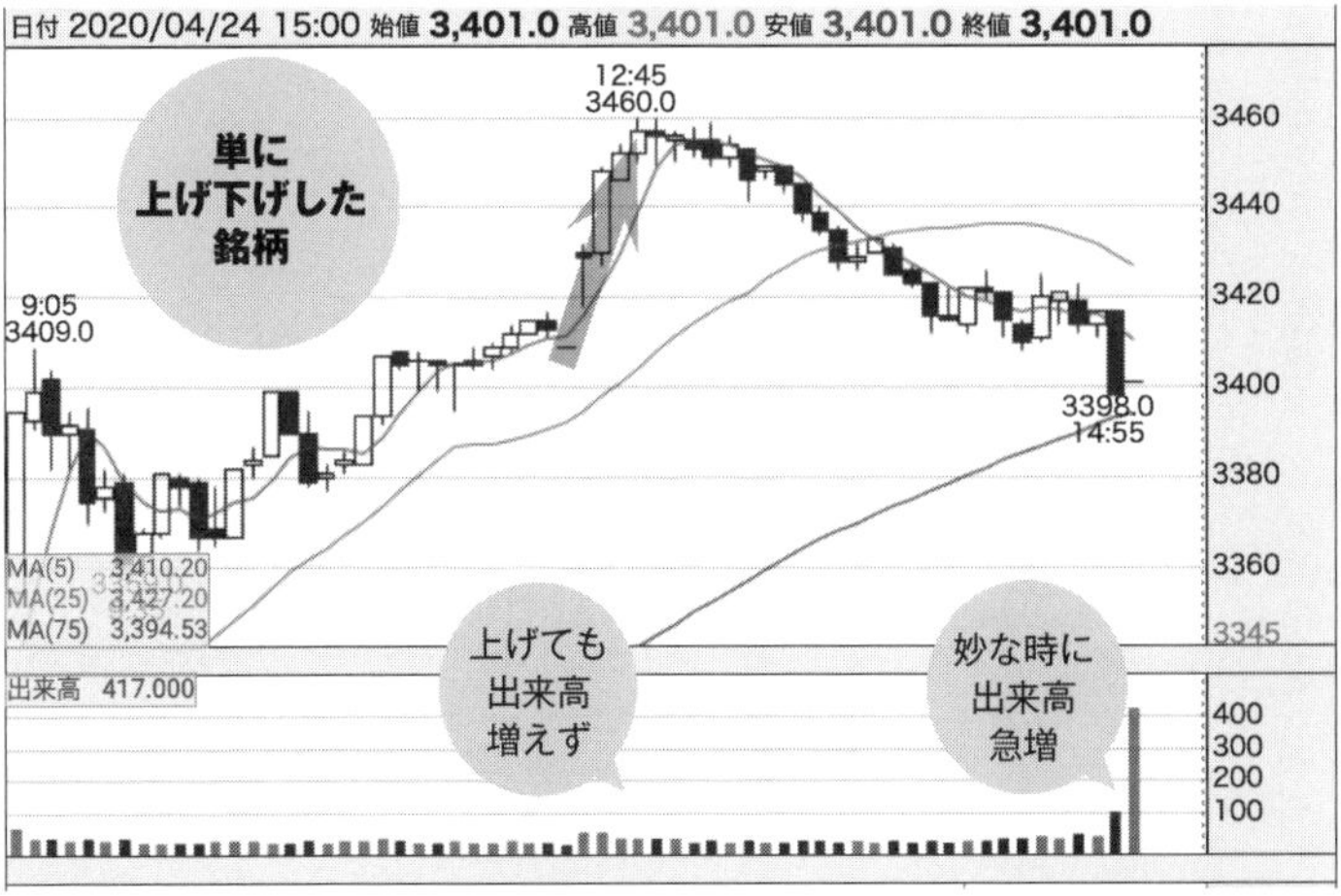
日付 2020/04/24 15:00 始値 3,401.0 高値 3,401.0 安値 3,401.0 終値 3,401.0
単に上げ下げした銘柄
12:45
3460.0
9:05
3409.0
3398.0
14:55
MA(5) 3,410.20
MA(25) 3,427.20
MA(75) 3,394.53
出来高 417.000
上げても出来高増えず
妙な時に出来高急増
3460
3440
3420
3400
3380
3360
3345
400
300
200
100

「株探」https://kabutan.jp

鬼100則 50

虎視眈々と押し目を狙え

ここでは、一つの例として、新型コロナウイルスのワクチンを開発しているアンジェス（4563）のトレードの様子を書いてみよう。

この日は、朝から強烈な買いが集まり、ストップ高に迫る勢いだ。「これは買えないか」と、思った個人投資家も多かったはず。

しかし、ストップ高に張り付いたのは、前場の引け近く。それまでは**買いがいかに湧いてきても、売りが出てくる**。買えども買えども売りが出てくる。

実はこの銘柄はワラント債を発行しており、株価が強い時に限って「売却の行使」をしてくる。だから、一般の小型の銘柄のように、材料一つで簡単には張り付かない。

この事情は大口はもちろん、個人投資家も知っているので、無理をして高値を買わず、ストップ高前に大量の「指値注文」を出して押し目を狙っている。

この日は、待望のワクチンの治験が当初の計画よりも早まるとの報道に人気が沸騰した。

「今日は大きな材料があるから強いが、明日は、売りに押されるかもしれない」と、目ざとい人は前に買っていた玉をストップ高にぶつけてくる。

凄い材料があっても、際限なく上がらない「ワラント行使」の事情を知っている人は、**押し目を買い、吹き値を売る**という戦略が立てやすい。

このように、銘柄の特有の事情を知っていれば、デイトレでの勝率が高くなる。

「手の内を知る」ことは、トレードの勝利には欠かせない条件である。

それぞれの銘柄に、発行株式数、浮動株数、信用倍率、株主など様々な要素が絡む。株価変動に影響する特徴を知っておくことも大切だ。例えば、ソニーは好材料で飛ぶが、翌日から弱くなる癖があり、手掛けづらい特徴がある。

4563　アンジェス

第6章

ローソク足の中に上げ下げの需給がある

学習を伴わない行動は致命的である。
行動を伴わない学習は無益である。

メリー・ビアード

需給はすべての材料に優先する。

鬼100則 51

強いのは「陽の丸坊主」、次も期待

株価の動きを表すローソク足を見ると、日足でも、週足でも、目の前の5分足でも、その裏にある投資家心理、思惑は変わりがない。

だから、ローソク足の基本的な「読み方」をしっかりと身に着けて、次に起きる株価の変動を確率良く読んでトレードしたい。

ここで、株価が勢い良く上値を取るローソク足として注目したいのは「**陽の丸坊主**」だ。

これが出た時は、その5分間の株価の変動は、5分前の株価に対して、多少の変動はあるものの、買いが圧倒的に強く、上値をとっていることがわかる。

この動きであれば、売りに対して、買いの方が強いわけで、**業績や目新しい材料がある時に、「ぐんぐん伸びる株価」**

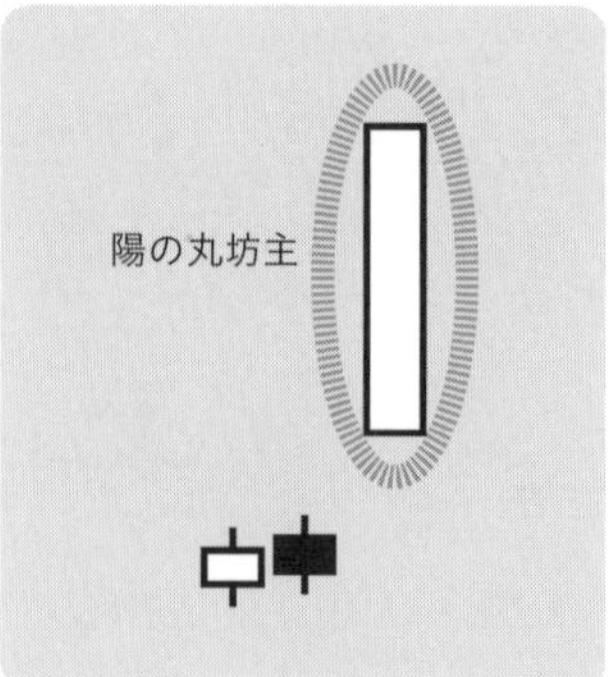

である。

この時には、陰線が出るか、上ヒゲが出て、「利益確定」の様子が強くなるまで、その銘柄を保持して良いだろう。

売買の力関係は、板情報でも読めるが、出来高の多い銘柄は、あまりにも変動が激しく、ビジュアルでは理解しがたい。

しかし、ローソク足はそれを反映して作成されるので、客観的に株価の方向が読めてくる。

強い足、弱い足をしっかり読もう。

「陽の丸坊主」は、またとない「値幅取り」のタイミングである。

美味しい足なので、このチャンスは生かしたいところである。

3349 コスモス薬品

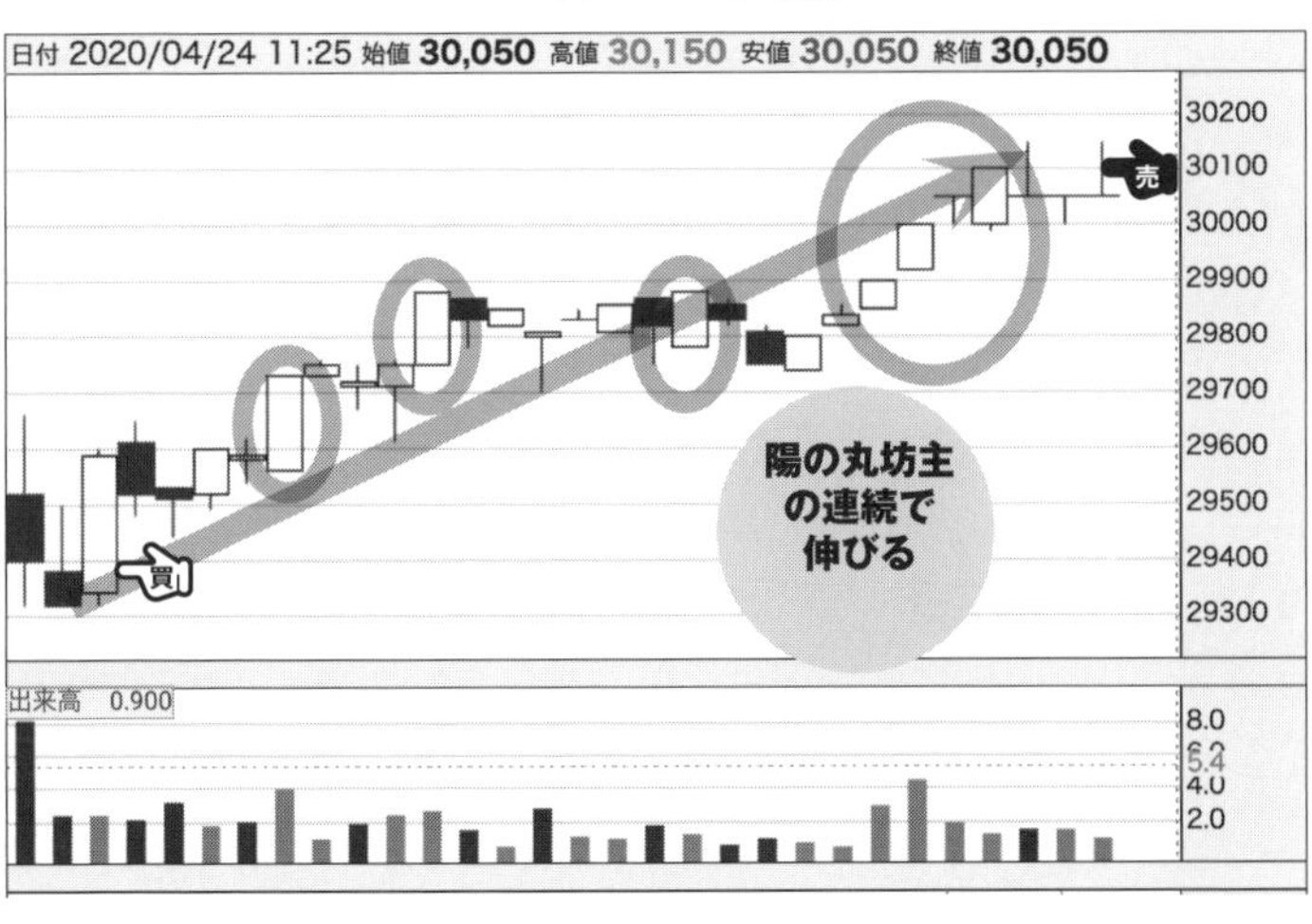

「株探」https://kabutan.jp

鬼100則 52

「コマ」の次は、大きく動く

ローソク足には「**コマ**」という、株価の変動幅が小さくなり、上にも下にも動かない時に出る形がある。

これは「気迷い」「売り買い拮抗」を表している。

チャートの上で、上に行くか、それとも下に行くか、迷っている足である。

これが出た時は、次の株価がどの位置に出るのか、しっかりと見極めなければならない。

下に足が出た時は、「しばらく調整」となる。

逆に、**上に向かった時は**、売り物が減り、買いが強くなったわけなので、**利幅を取りやすい**。

この瞬間の足をしっかり読むことで「利益確定」「撤退」「損切り」のタイミングが明確に判断できる。

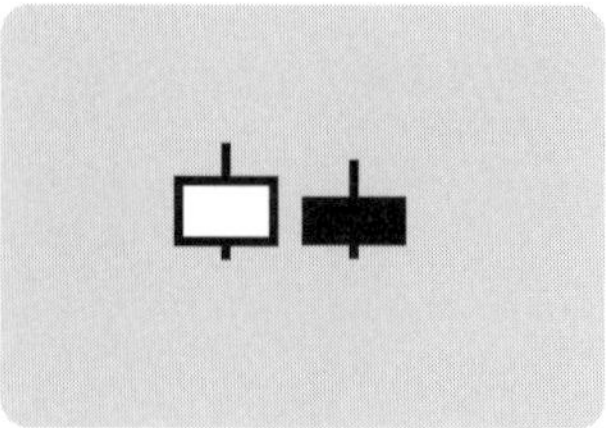

コマ

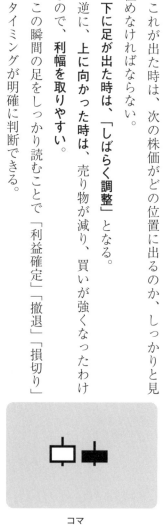

トレードに「楽観視」は禁物である。
盲目的な「強気」も仇《あだ》となる。
冷静に、目の前に出た「足の形」を読み切り、瞬時のトレードの判断に生かしたい。
「コマ」は、一休みだが、安定しているわけではない。

次の株価が成立するまでに大きな変化が現れる可能性があるので、静止しているかに見える足だ。これが出たら、**次は大きく動く**との気構えを持って臨み、判断したい。

デイトレでは、一瞬の油断で利益を逃す。

入り時を逃すのも痛いが、保有していて下げについて行けなかった場合はもっと痛い。

大きな失敗を回避することが、総じて成果に大きく影響する。

4480 メドレー

「株探」https://kabutan.jp

鬼100則 53

上げ始めの上ヒゲは気にするな

私のTwitterによく質問が来るのが、「上ヒゲ」である。

例えば、上げ始めの大陽線の後に「長い上ヒゲ」が出ることはいくらでもある。その日の売買の中で、たまたま株価が吹いたが、利益確定に押されて、陽線ではあるがヒゲができたというものである。

初心者は「上にヒゲが出た=天井だ」と思って手放しがちだ。

しかし、これは間違いのもとである。

上げ始めで、慌てて「上げの限界」などと考えると、せっかくの含み益増加のタイミングを逃してしまうことになる。

ローソク足の見方で大切なのは、**チャートのどの時点にシグナルが出たか**という判断だ。

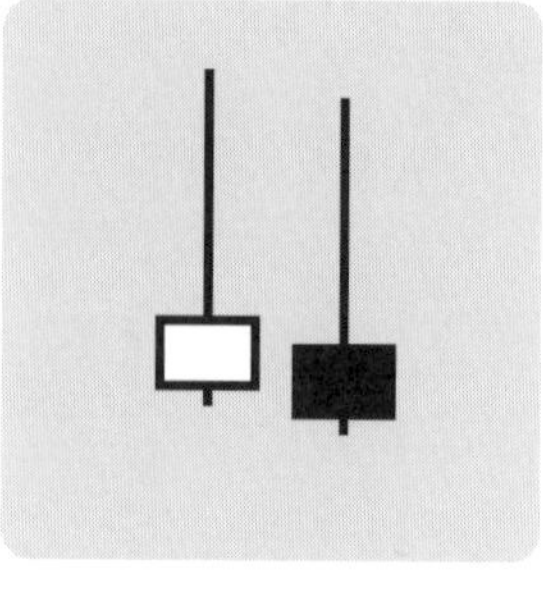

上ヒゲ

「上ヒゲ」で気を付けなければならないのは、順調に右肩上がりに株価が上がり、５日移動平均線はもちろん、**25日移動平均線を大きく上に乖離して上げた際**である。

個人投資家の中には「まだまだいける」と強気が台頭するが、プロや熟練の個人投資家は「乖離が大きい」と判断して、ほとんどの持ち株を手仕舞う。

このような**高値のタイミングで出る「上ヒゲ」は、上値限界を示す**ので、注意が必要である。

ここでは即刻利益確定、ないしは利益が出ていなくてもポジションを閉じるのが良い。

ローソク足はそれが出た位置が大切であり、何でも同じような考え方に立たないようにしたい。

6291 日本エアーテック

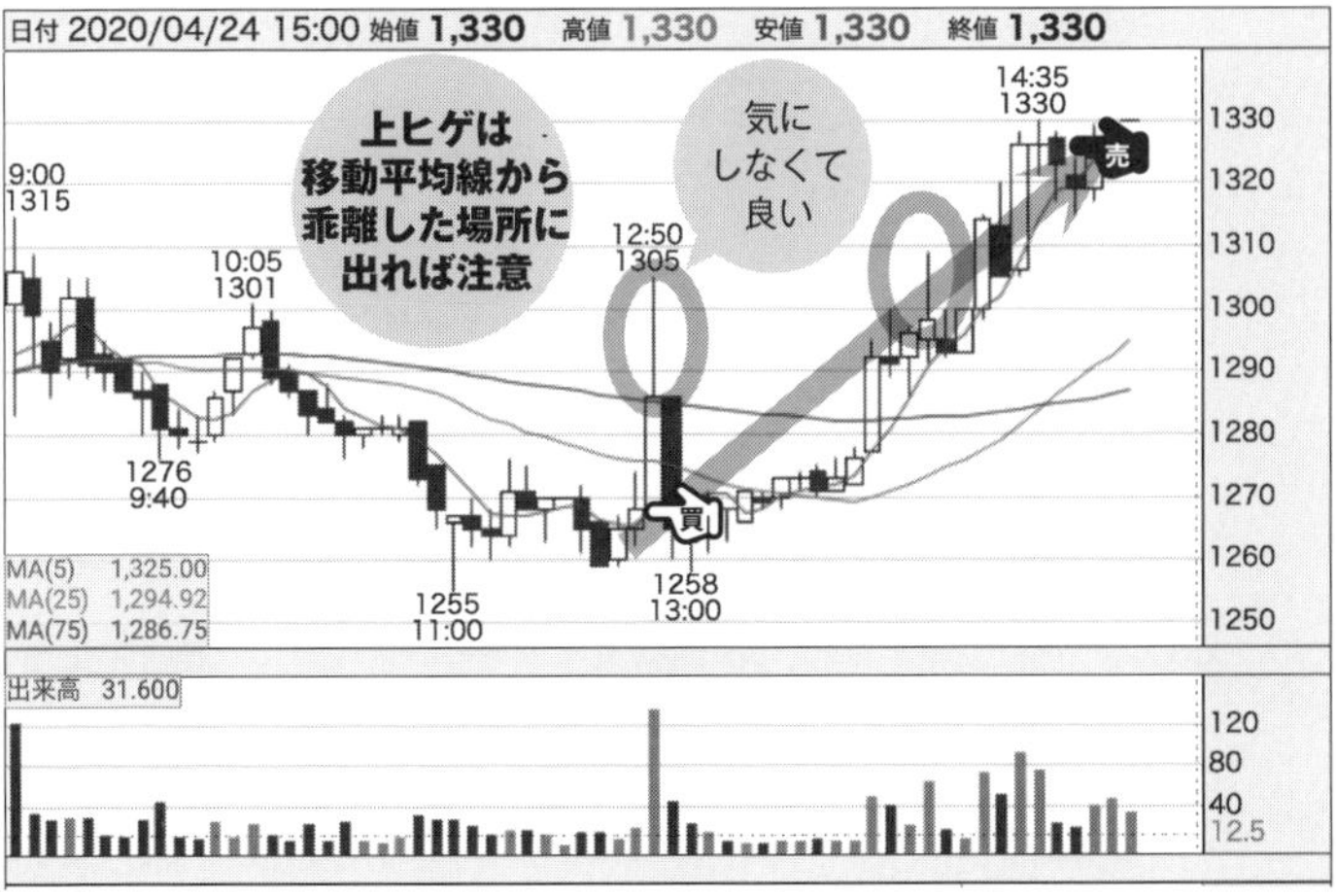

「株探」https://kabutan.jp

鬼100則 54

上下のヒゲを見ながら株価の方向を見透かす

先に述べた「コマ」とは違い、**少し実体の長い「陽線」「陰線」が出て、その上下に「ヒゲ」**が出た時の考え方をどうするか。

陰陽の上下に出た「ヒゲ」は、やはり、売り買いの拮抗を表す。

一方向に株価が傾かず、売買の力関係がせめぎ合いをしている形である。

ぐんぐん上がるとか、逆に、奈落の底に落ちるような動きではなく、上下に動きながら、一つの方向を出している。ヒゲも同一ではなく、上に長かったり、下に長いなどいろいろだ。

それでも、株価は一つの方向性を見せながら「ジワジワ」と動いている。

日中の株価は大体、ある程度の方向性を持ち、上げたり、下げたりの波になる。

デイトレでは、この方向性に逆らわず、下げ方向では、きちんと指値をして拾っていく。

やがて下げ止まれば、方向は上になる。仕込んだ銘柄は、やがて含み益が増えていく。

この段階で、**小刻みに利益確定**を行いたい。

株価の傾向を見ると、下げの時は上に伸びたヒゲが多くなるので、「下げ」を察知する。

逆に上がる時は、**下にヒゲが多くなり、「下げても買われる」動きになる**傾向がある。

この動きを知っておきたい。

デイトレでは、株価の動きに逆らわず、「波乗り」のように、うまく「**仕込んでは利益確定**」を行っていく。

現物では「差金決済」（売りと買いの差額で取引すること）といって、同じ銘柄では買って売るの繰り返しはできないので、違う銘柄に乗り換えてトレードしなければならない。

信用取引は同じ銘柄でも回数多く取引できるので、リスクは多くなるが、回転商いがやりやすくなる。

6034 MRT

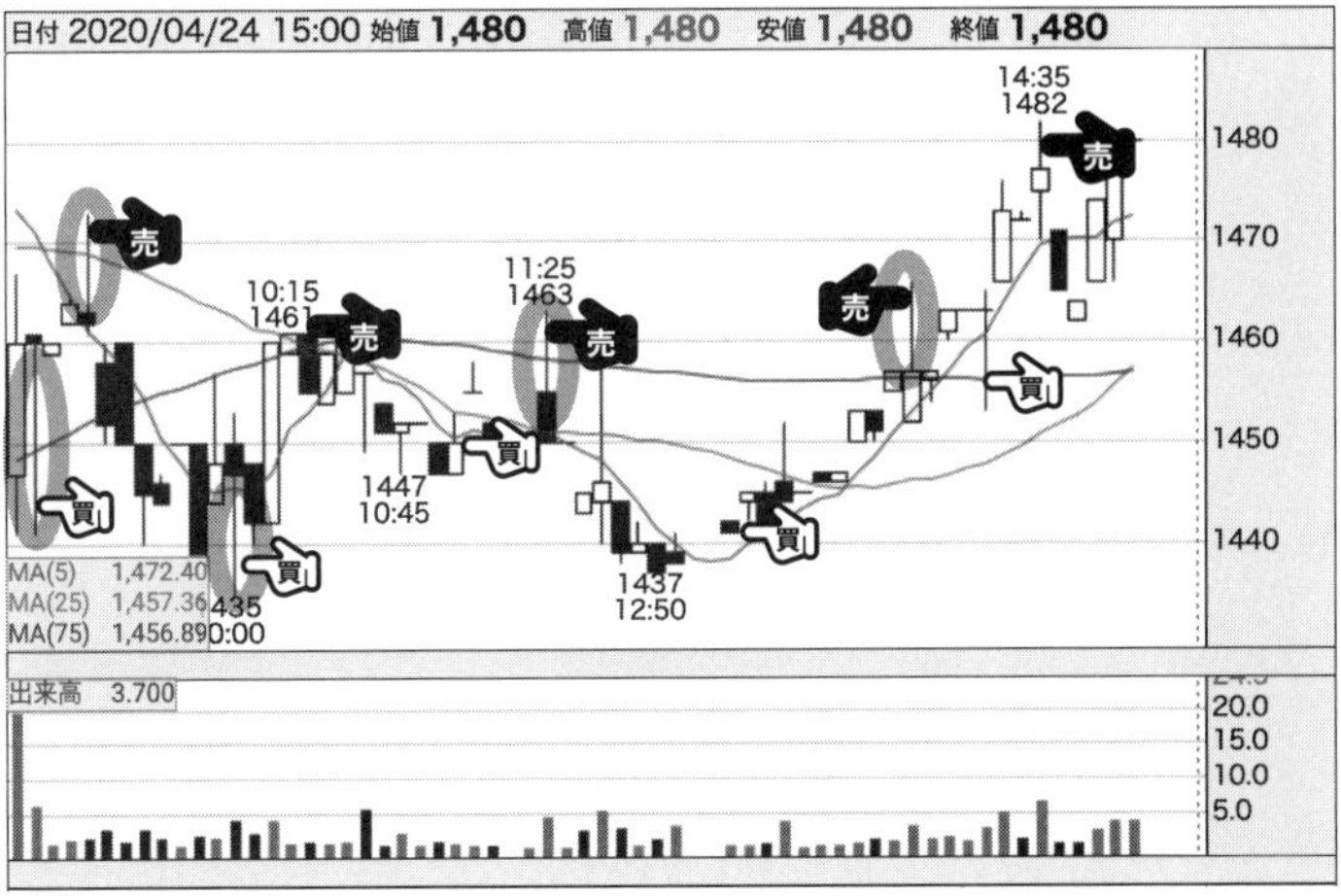

「株探」https://kabutan.jp

持ち合い放れの陽線は上昇気流

株価の動きの中には、「持ち合い放れ」というものがある。ある一定の値幅で上下を繰り返しているうちは、売りと買いのせめぎ合いになるが、新しい資金や何かの材料が伝えられると、その内容により、プラスならば、上に放れていく。逆に、悪材料では、下に放れる。

一般的には、上に放れる動きで勝負する。

ある価格帯で上げ下げを繰り返して、「売買拮抗」であった株価が、買い優勢になると、いきなり、「陽線続き」となり、持ち合いを放れて、株価がぐんぐん上に向かう。

売買の最中に「買い優勢」になると、これまで売っていた

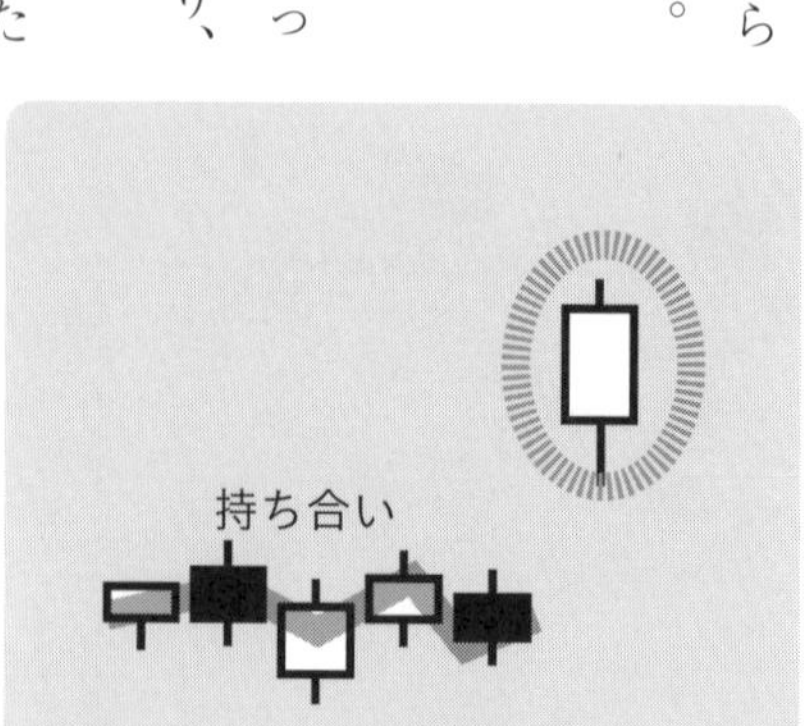

人が買いに回り、ぐんぐんと板の株価を上に上に食っていくので、買いが有利の空気になり、上げの歩調の中で、「買って売る」という「回転商い」に。

株は、買う人ばかりだと、何処かで暴落となるが、売り買いが繰り返され、「買って売る」サイクルになると、うまく玉が回転していくので、重いということはない。

大切なのは、**欲を出し過ぎず、ほどほどで利益確定すること**だ。

いかに、持ち合いからの急騰があっても、逆に急落することもあるからだ。

長く含み益を引っ張れば、利益確定の確率が悪くなる。「欲を出さない」平常心で、確実性を大切にしていきたい。

3194 キリン堂ホールディングス

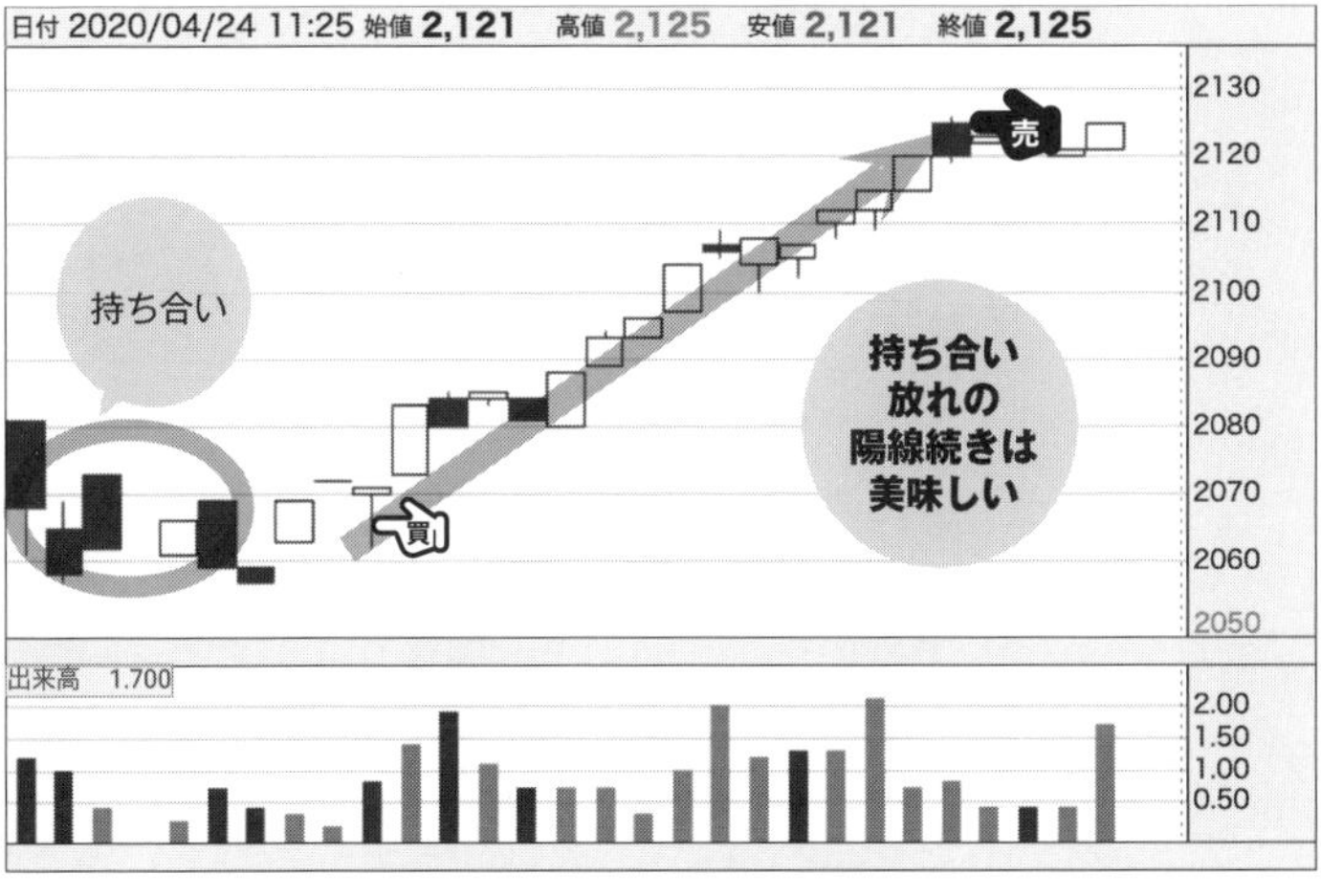

「株探」https://kabutan.jp

鬼100則 56

勢い良く上げた後の上ヒゲは上値限界

本当に心配な「上ヒゲ」について、考えてみよう。

先に述べたように、**「上ヒゲ」が株価に決定的な影響を及ぼすのは、株価が右肩上がりに上げて、ある程度の値幅があった後**である。

株価が急上昇した段階で投資家が一様に「そろそろ天井ではないか」と考えそうな場面である。

その時点で、「もう良いだろう」との考えで、売りが多くなる。

それが「上ヒゲ」である。

株価は上に飛んだが、待ち構えていた「売り」に押されて、結果的に上にヒゲができる。

これは日足でも、5分足でも同じことで、「上値限界」を示した「売買のシグナル」である。

この時点では、手持ちの銘柄は利益確定するのがベターと言える。

「上値限界」をチャートが明示しているのだから。

にもかかわらず、「まだ行くはずだ」などと、欲張り、のんびりした姿勢でいると、せっかくの利益確定のチャンスを失う。

それどころか、下落の局面となり、「元の木阿《もくあ》弥《み》」「含み益から含み損」ということになる。

何のための投資なのか、わからなくなる。

後悔先に立たずである。

心して、**「上値の上ヒゲ」は、逃げる時**と頭に入れていきたい。

上ヒゲから下落に向かうポイントは、次に下に放れた陰線か大陰線が出ることだ。

これは即逃げなければならない。

下のチャートでは、朝の一瞬のチャンスに賭けたい。

6027 弁護士ドットコム

鬼100則 57

高値圏での大きな陰線は売り逃げ続出の動き

高値圏での「上ヒゲ」と同じように用心したいのが、**「高値での大陰線」**である。

株価がある程度上がった時には、利益確定のタイミングと考えて、売る人が多くなるので、売りが売りを呼び込み、これが大きな陰線となる。

チャートに投資家の考え方が表示されるのだ。

「上値限界」の明確な表れである。

投資家はお互いに意思の疎通はしない。

それでも、相手が、相場参加者が「今、何を考えているか」は、株価の動きでわかる。

それは、板に現れ、チャートに描かれる。

ここに挙げた「大きな陰線」は、「もう、売りな

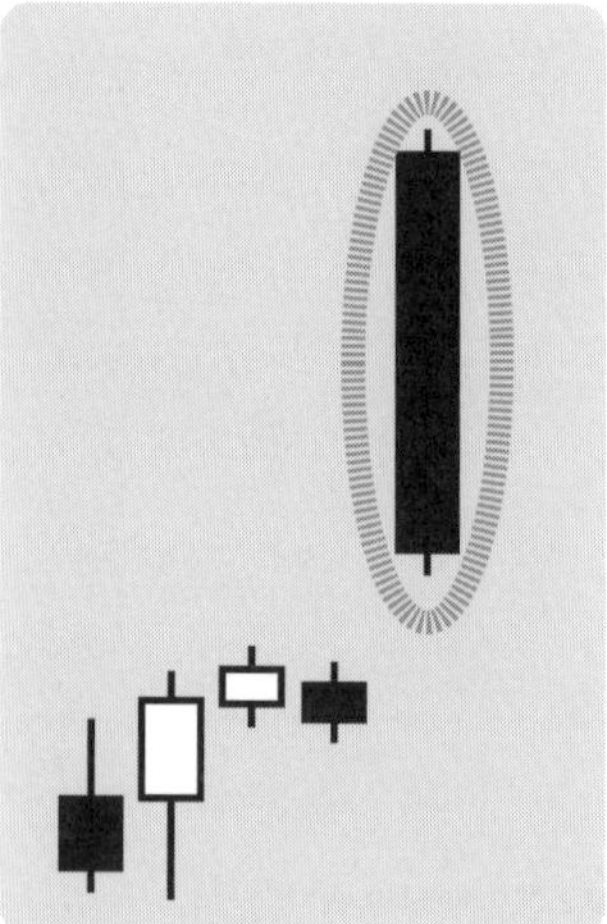

さい」というシグナルである。

これは、仕込みのタイミングと同様に、株式投資で「利益」を出すための重要なシグナルなので、絶対に知っておきたい。

どの銘柄でも、どのタイミングでも、「大きな陰線」が出たら、その後には、株価の下降トレンドが極めて高い確率でやってくる。

利益確定、ないしは安値での仕込みのタイミングと準備したいものである。

一日の株価変動では、何回も陰線が出て、下げることがある。

このリズム、癖を知っておくことが、デイトレで負けない、成功する必須の知識である。

6301 コマツ

鬼100則 58

十字線のせめぎ合いは何処に出たかを確認

ローソク足の「**十字線**」というのは、真ん中に胴体があり、その上下にヒゲがある。

これは、「持ち合い」の意味を表す。

十字線は、どの位置にも出る。

株価が「一休み」のところに出る足なので、何処にでも出る可能性はあるし、実際そうなっている。

問題は、どの時点で出たかだ。

特に株価が高くなった時点でこれが出ると、上げに向かって押し上げていた「力関係の拮抗」を意味する。

売りと買いがせめぎ合う株価がバランスした状況である。

つまり、**十字線が上値に出た時は、「そろそろ売り時だな」**

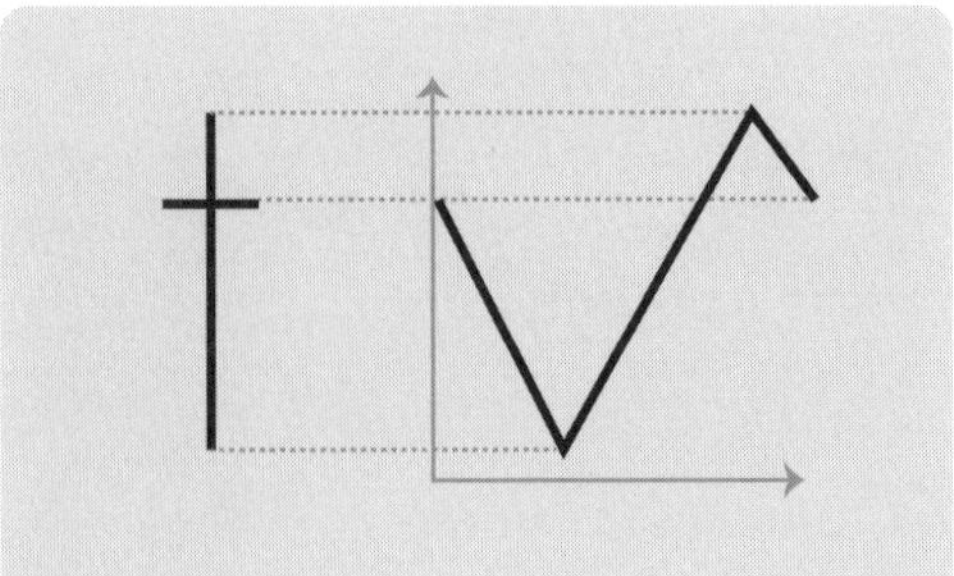

十字線

という警戒心を持たなければならない。

十字線の**後に見られるのは、大きな陰線か、上ヒゲである可能性が極めて高い。**

一方、だらだら下げるか、急落の後に、十字線が出れば、「下げの終わり」を意味しやすい。

売りと買いのせめぎ合いとなるからだ。

ローソク足は、その時点での売りと買いのバランスを明確に表すので、良く注意して解読していくことが大切である。

ただ漫然と株価の行方を見ているだけでは、戦略的な投資のスタンスをとれない。

結果的に、効率的なトレードとはならないことを知っておきたい。

4385 メルカリ

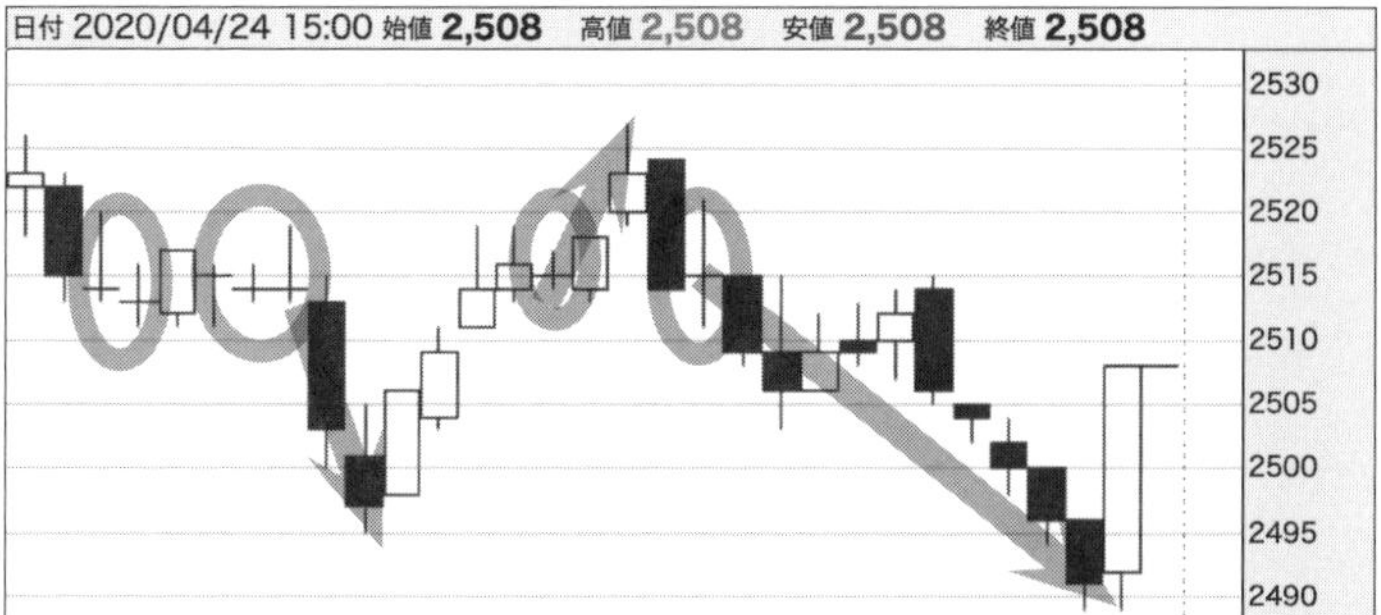

鬼100則 59

窓を開けた先の天井を予測する

銘柄に「好材料」が発表されると、我も我もと買いが集まる。

結果的に、買いが買いを呼び込んで、出来高を伴い、「**窓開けの上昇**」が出る。

しかし、この上に飛んだ株価の動きには用心が大切だ。

「その先の株価を誰が買うのか」

この疑問を常に持たなければならない。

銘柄を仕込んで、利益を出すには、その先の株価が買われるような、大きな材料が要る。

さらに、「買いそびれた人」の存在がなければならない。

好材料を見て、一斉に飛びつき買いをしてしまえば、「上げ過ぎ」となるので、その急騰前に買ってい

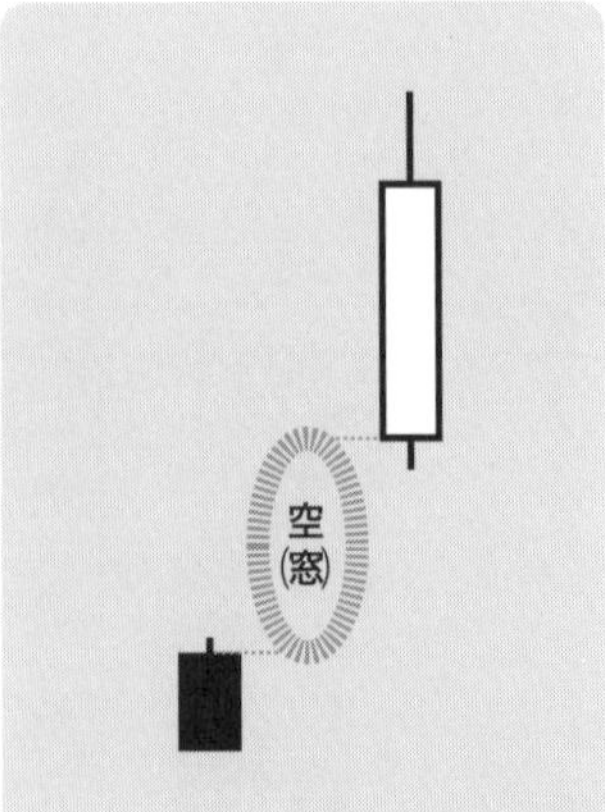

た人たちは、「この先は危ない」とばかりに、売りに入る。

結果的に、窓開けの勢いに乗って買った人は、しばらくの間、「含み損」を味わうことになる。

そして「損が膨らむ」「ポジションを切る」形になり、ほかの利益を相殺してしまう。

失敗のトレードである。

こうならないためにも、**一斉に買われる「窓開け」の株価の動きの時は、「買いたい」衝動をこらえる**べきだ。

投資に臨むには、付和雷同の「欲からの買い」は、慎まないと、失敗が多くなる。

失敗を少なくし、冷静にポジションをとる。

この行動こそが、デイトレの成功を可能にするのだ。

8035 東京エレクトロン

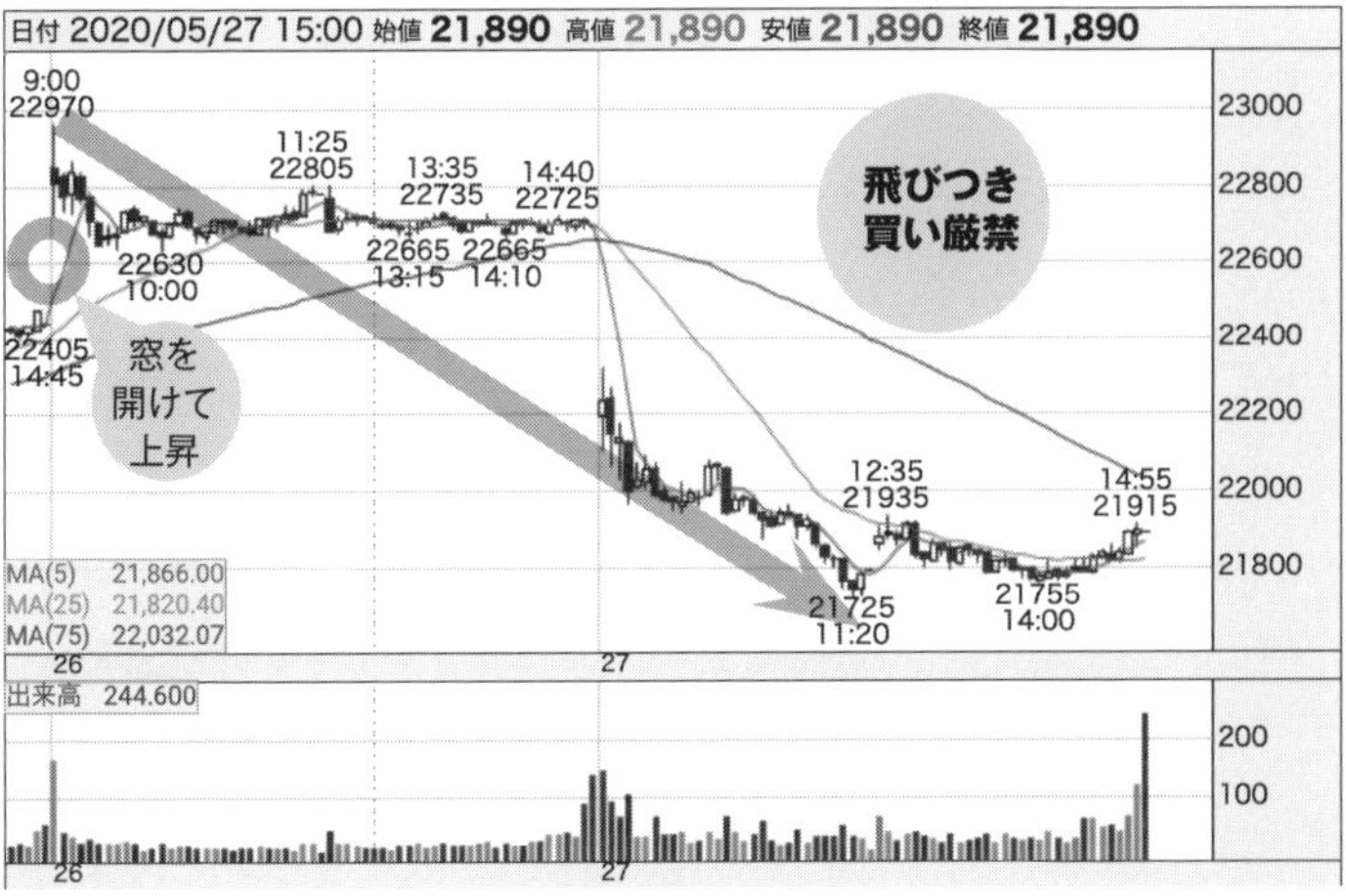

「株探」https://kabutan.jp

第7章

上げのテクニカル10の法則

危険を冒せ。
人生はすべてチャンスだ。
一番遠くまでたどり着く者は、大胆に行動する意欲のある人間だ。

デール・カーネギー

兵は勝つことを貴び、久しきを貴ばず。

孫武

鬼100則 60

確率極めて高い下ヒゲの陽線

本章では、いわゆる「チャートの読み方」の本にあるような多彩な内容は省いて、最も典型的な「買いシグナル」と仕込み方を解説したい。

まず銘柄を仕込んで、その後の利幅を狙うには、「上げに飛びつかない」ことが肝要である。

では、どのタイミングならば一番利益が膨らむのか。

それは**「下げからの反発」のタイミング**だ。

大底からの反発を狙うので、「下値不安」は最小だ。

ここに挙げた銘柄は、寄り付きの直後に下に押されたが、間もなく買われて株価は上伸。陽線になり、その後、上値追いとなる。

下値限界の足である。

これを見た投資家は「買い安心」のシグナルと見て、積極的に買っていく。

だから、そのタイミングで買えば、さらに、含み損になる確率は極めて少ない。

株価がどの位置にあっても関係ない。

５分足の動きの中で、下げの日でも、上げの日でも、**押し目を買う**。

その習慣が利益を効率良く生み出すための賢いトレードの判断になるのである。

ぜひ、実行に移し、利益を積み重ねて欲しい。

ワンパターンでも良いから、この形専門でトレードするだけで、勝利の確率が極めて高くなるはずである。

2433博報堂ＤＹホールディングス

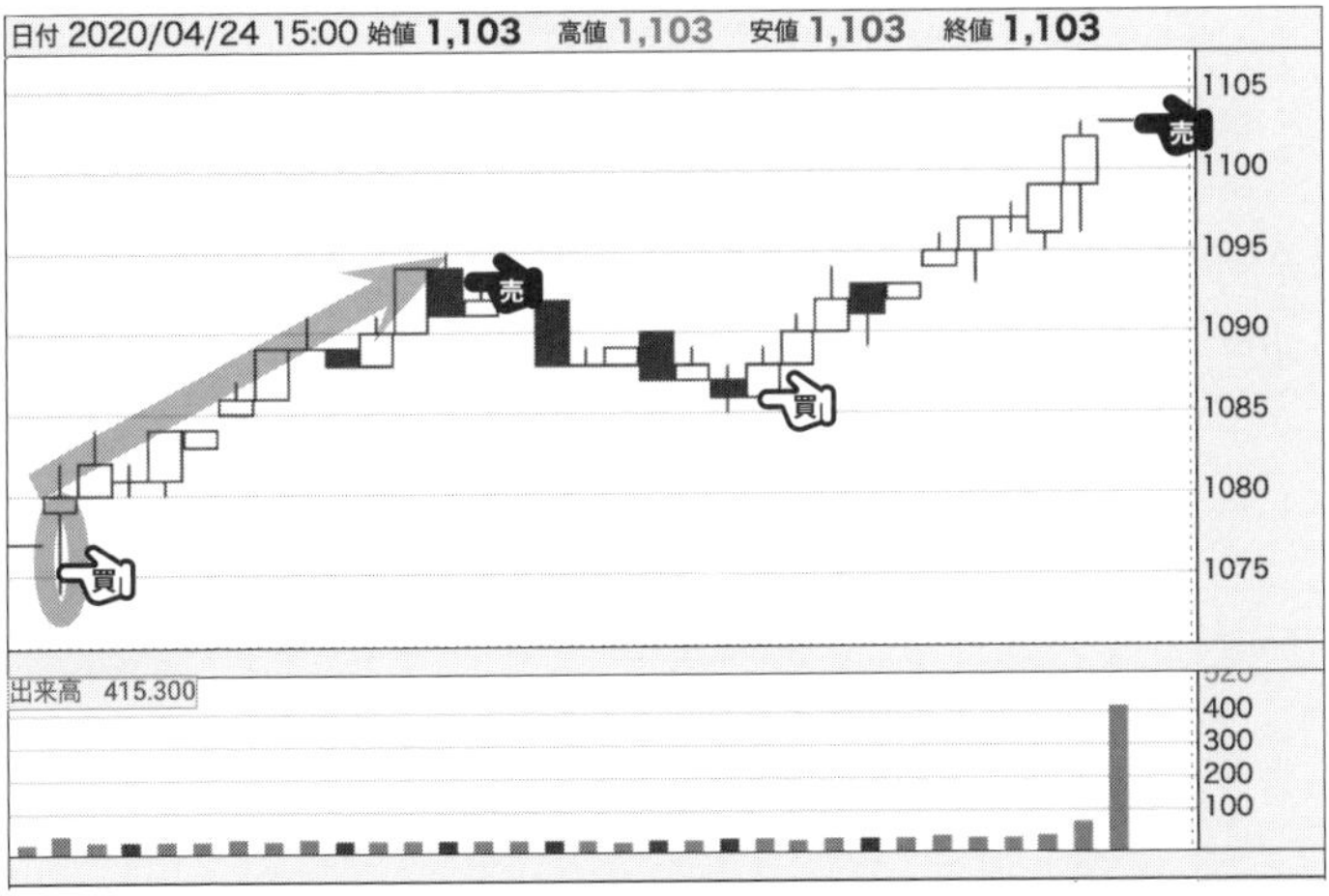

鬼100則 61

持ち合い抜けからの陽線に乗る

株価が一定の幅の中で、持ち合いになる動きはいくらでもある。「つまらない動き」と考えないで、**次に株価がどちらに行くのかを見張る**と良い。

一定の幅で動いている株価は、必ず、上か下か、どちらかに振れるはずである。

上に振れた時は、「買い有利だ」と考える人が多い。

株価が一定の範囲で動いていると、エネルギーが溜まるので、仕掛けの売買が出てきやすい。

上に動く時は出来高も増えて動く傾向が多いので、このタイミングを狙って仕込めば、一定の値幅をゲットできる。

「持ち合い放れを買う」そして**「利幅を取る」**。

この作戦は、勝率が極めて高い。

このローソク足に見えるのも「持ち合い抜けの出来高増加の上げ」である。

板を見ていれば、今まで静かだった売買が、いきなり、チカチカして、上値を食っていくのがわかるはずだ。

この動きを素早く察して「成り行き買い」を入れる。そして、ある程度値幅が出たところで、「利益確定」。

この方法で、しっかりと稼いで欲しい。

ローソク足の動きは、そのまま、投資家の動きである。

いかに多くの投資家が参加していても、その総和としての考え方はチャートに出る。

これを生かして、素早くチャンスをものにしたい。

4586 メドレックス

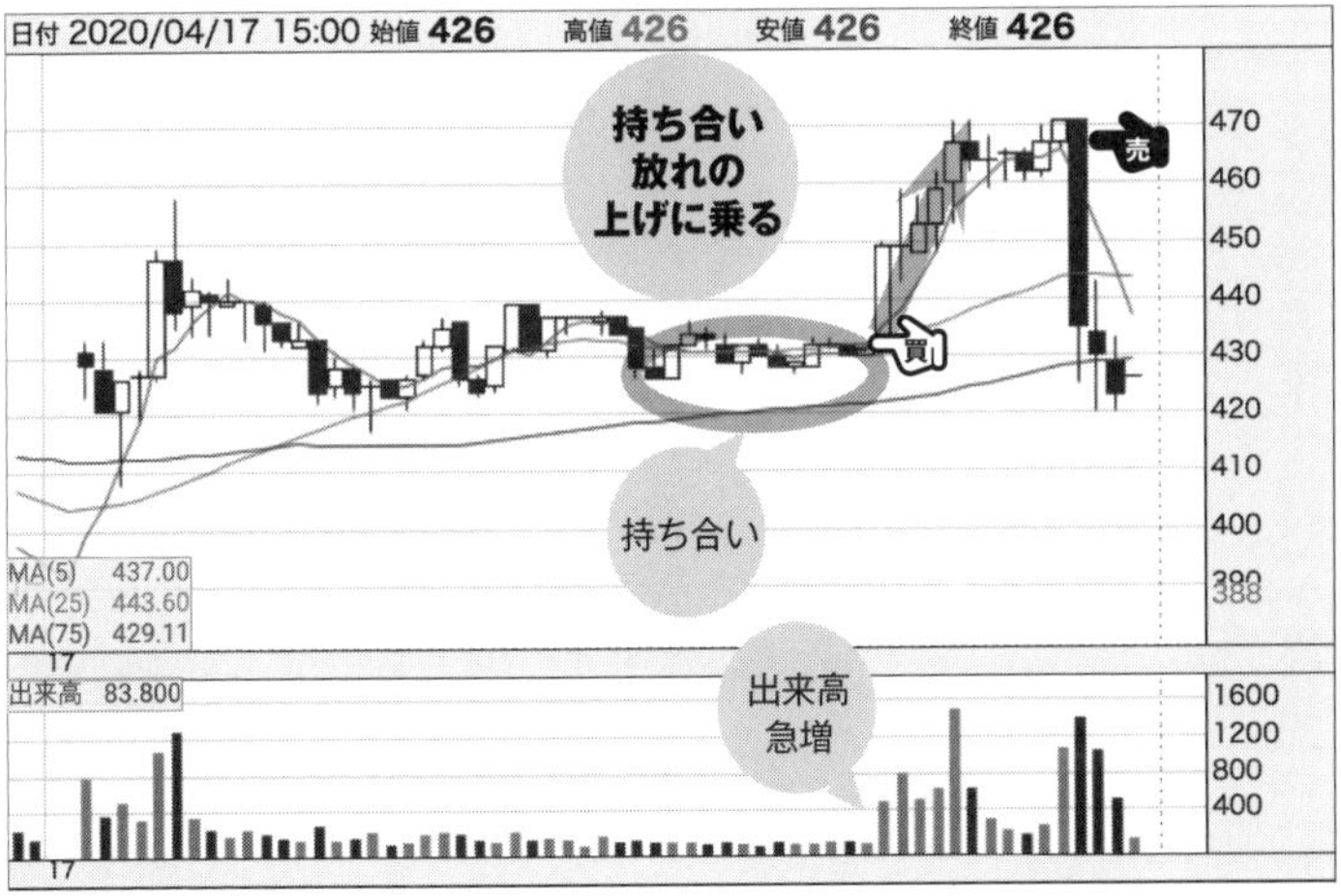

鬼100則 62

下げの終わりを狙いリバウンドで取れ

デイトレでは、その銘柄が「長期的に上げているか、下げているか」「今日はプラスか、マイナスか」は関係ない。

「動きそのものに」チャンスがある。

ただ、トレンドで人気化している銘柄は、全体として上げているので、失敗は少ない。
上げトレンドの銘柄でデイトレをするのがベターである。

ここに挙げた銘柄は、朝からだらだら下げてきた。
利益確定の動きである。

しかし、下値付近では、長い陰線が出て、同時に出来高も増え、「セリングクライマックス」とばかりに、「**慌て売り**」が出る。

その後は、「安くなった」との考え方から、買いが多くなり、陽線での上げが出てくる。

ここが「**下値反発**」のタイミングである。

下げてきた株価は、倒産や最悪の業績発表がない限り、反発に向かう。

ここでは、あくまでもトレンドの人気銘柄でのトレードを勧めているので、下げからの反発は、極めて確率の高い、仕込みのタイミングである。

この時点を間違わず仕込むことで、利幅を取っていきたい。

株価には、一つの習性があり、それはチャートに現れる。

このチャート化された「癖」をしっかりと読み込むことが、デイトレでの成功を生み出す。

3565 アセンテック

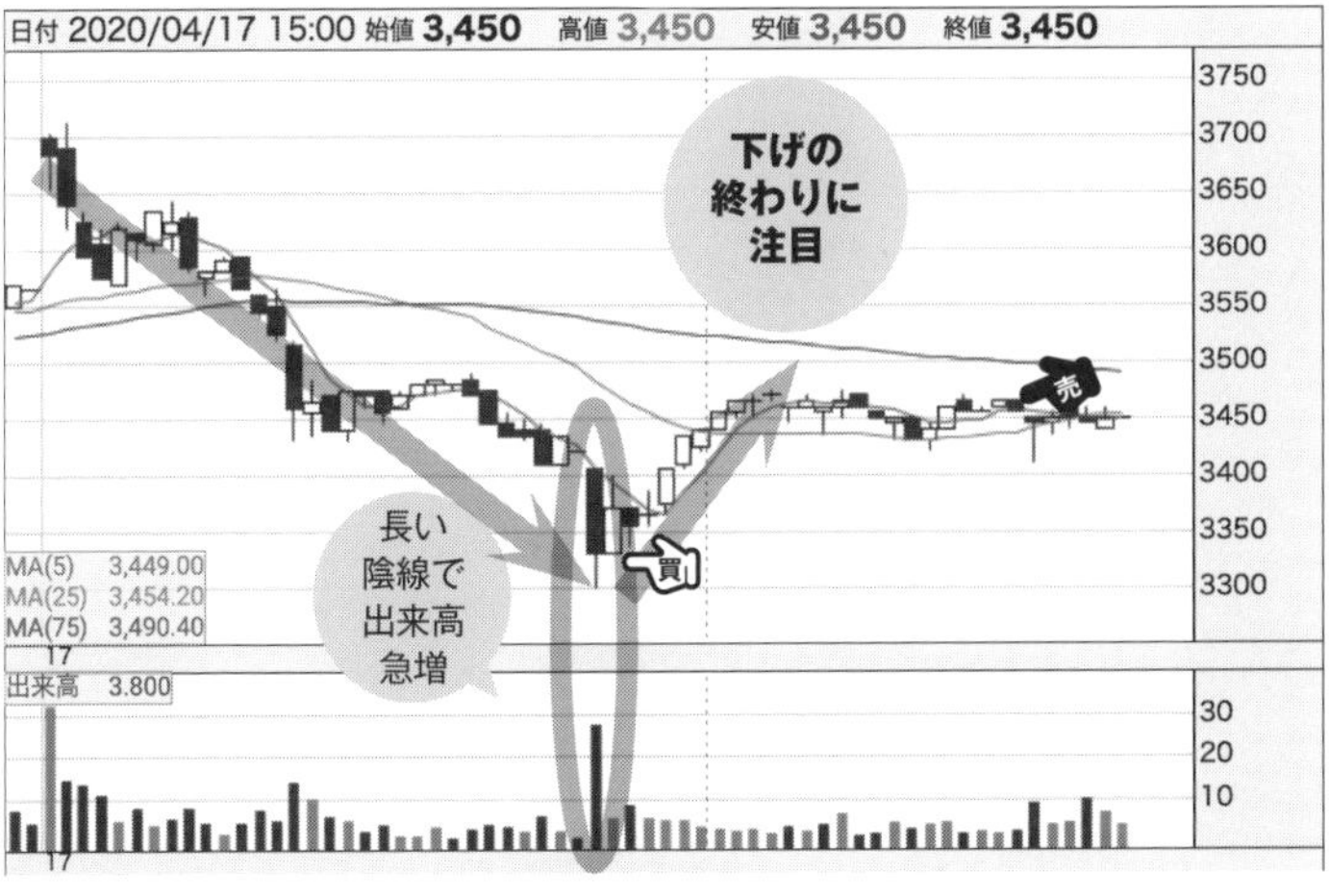

「株探」https://kabutan.jp

鬼100則 63

レンジの上げ下げは仕込みを間違うな

デイトレで美味しい株価変動の一つは「**レンジ内の上下動**」である。

下値、上値の往来の動きになっているので、**下げたら買い、上げたら利益確定**を繰り返す。

このチャートは結果論だが、意識してローソク足の動きを見ていると見えてくる。

「おお、チャンスではないか」と、思わず、叫んでしまう動きになっているのだ。

一日の相場の中でも、上にも下にも「ブレークアウト」をしないで、上値では利益確定に押され、下値では、仕込みの動きが強まることがある。

この銘柄は、株価上昇トレンドの一休み、強弱対立の場面にあった。

始値は２５００円から始まり、２５８９円で上値をつけ、再び２５００円に落ち、次は２５４０円で頭打ち、次は２４８０円に落ちて後場に持ち越し、やや長い下値での持ち合いの後、大陽線を見せて、２５６８円に駆け上っている。

後場最初に「持ち合い放れ」の「ゴールデンクロス」をしているので、明確な上げシグナルと見て、枚数を増やしての勝負。

引け値の2569円で上値の持ち合いに入るので、じっくり見ながら「利益確定」をする。

極めて効率の良いトレードができるチャートの典型である。

似たような動きには度々遭遇する確率が高い。

条件は**「日足で右肩上がりの人気銘柄」「出来高が増えている注目株」**である。

この手の銘柄は監視する頻度が高いだろうが、ただ漫然と値動きを見るのではなく、「上値が重くなったら利益確定」「下値が堅くなったら仕込み」の繰り返しをする習慣をつけたい。

4385 メルカリ

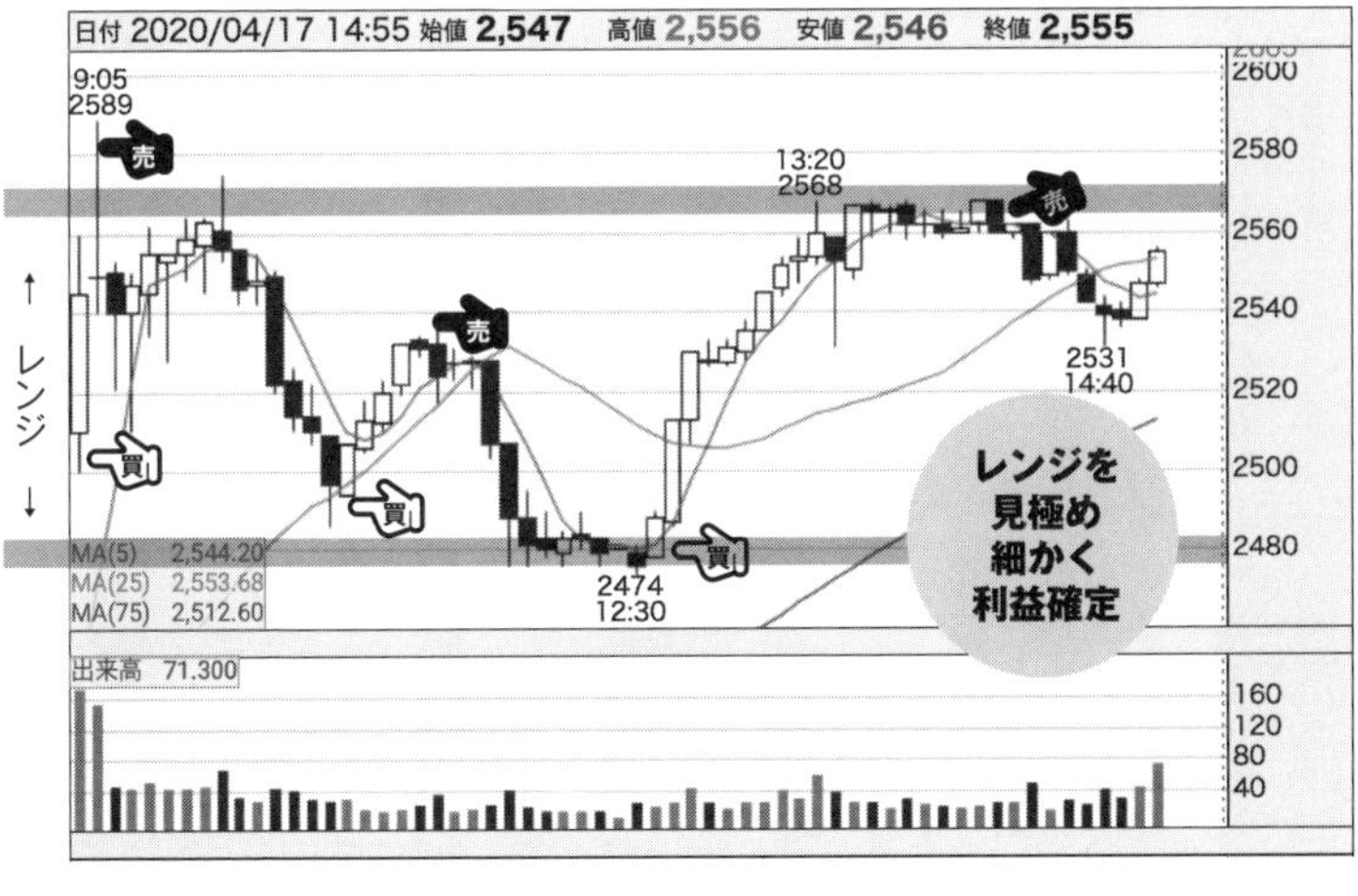

鬼100則 64

下値の包み線は買い有利

ここに挙げた銘柄のチャートを見ると、**「上げシグナルの包み線」**を繰り返している。

下値で前の陰線を大きな陽線で包む形である。

このタイプのローソク足の組み合わせは、上げシグナルがいくつも出ている癖があるので、**「買って売る」「買って売る」を繰り返す。**

ぼんやりチャートを見ていて、「包み線」をうっかり見逃しても、再び、数十分後には包み線が出るので、そこで勝負しても良い。

もちろん、結果論ではあるが、このような足もあることは、知っておきたい。

多少の上げ下げはあるので、小刻みの利益確定ができ

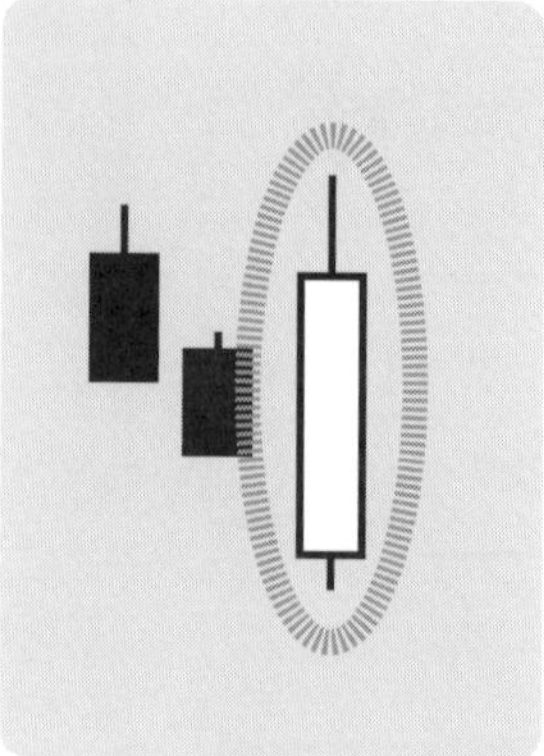

包み線

ないわけではないが、欲張らないで、仕込みと利益確定のワンセットでも良いだろう。

デイトレは**欲張らず、間違いなく「利益確定」していくことが肝心**だ。

そのためには「包み線からの上げ」のシグナルをうまく活用するのが好ましい。

確率良くトレードする。

これがデイトレの鉄則なので、この形の動きにうまく乗る「引き出し」を持っているだけで、安心して、売買を繰り返せるチャンスがある。

デイトレはチャートを良く読み、感じることが大切である。

6082 ライドオン

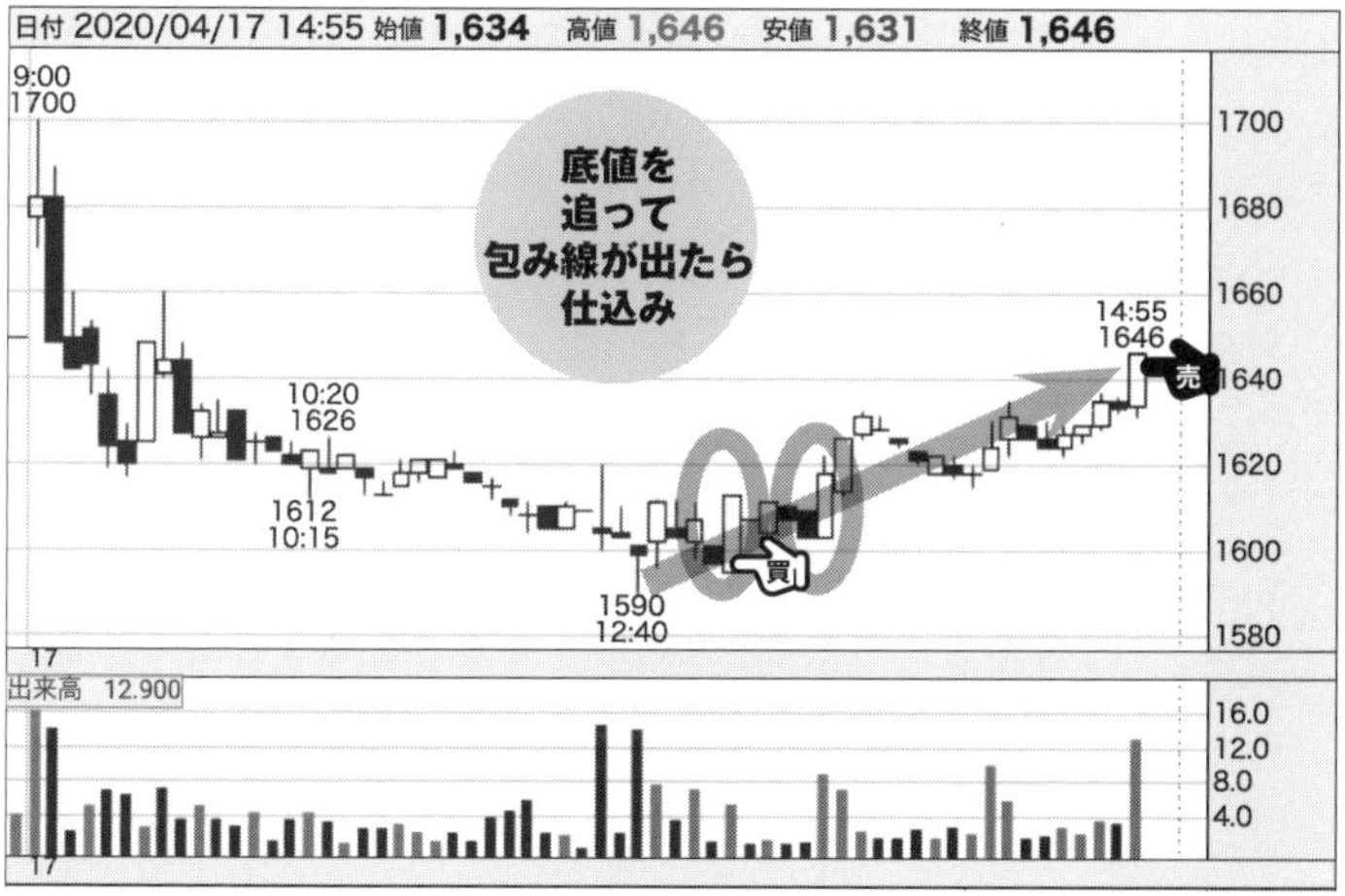

「株探」https://kabutan.jp

鬼100則 65

じりじりの上げトレンドには乗っていく

潰れようがない「業界ナンバーワン」銘柄は、いかなる環境の悪化でも、潰れない・潰せないという事情がある。

全体相場が上げている時には、その相場環境につられて上げることが多い。

この日は、決して環境は良くない企業だが、業界のトップ企業ゆえに、買われる展開が見られた。

チャートでわかるように、5分足は「上げトレンド」である。

底値近辺であることに加えて、**日経平均株価が大きく反発**していたので、**つられて上げている銘柄**が多い。

この勢いに乗るのも、デイトレの「良い環境」。

これを生かしていきたい。

何処まで上がるかわからないが、陰線がわずかで、「陽線続き」。

このトレンドでは、小幅な「仕込み、利益確定、仕込み、利益確定」を繰り返し、回転商いを行って、現実の利益を積み重ねることが大切である。デイトレに最も適した足の動きは、きれいな右肩上がり。

この足で失敗するのは難しい。あるとすれば、極めて自信のない人が「薄利で逃げて後悔」することだろうか。

正しい足の読み方で成功体験を積み上げることである。

4324 電通グループ

「株探」https://kabutan.jp

鬼100則 66

上げの初押しは買いで良い

デイトレは出来高を伴った上げで人気化した銘柄で行うと勝てる確率が高まる。

朝一番の「持ち合い放れ」の時点で買えれば良いが、それを逃しても、チャンスはやって来る。

「初押し」である。

急激に上げた後に、少しだけ押し目が来ることが多いので、ここがチャンスである。

「**初押しは買い**」の格言通りが、うまくいくやり方だ。

上げる途中を追いかける「ジャンピングキャッチ」は、その後の下げで慌てるので、やめた方が良い。

押し目を買えなかった悔しさから飛び乗るわけだが、ここは「押し目」にこだわることが大切である。

この銘柄でもわかるが、初押しの後がぐんぐん株価が上げていくので、悠然と利益確定のチャンスをいただける。

トレードの基本だが、**上げ過程の銘柄に入るには、必ず、押し目狙い**することだ。

押し目があるというのは、当面の利益確定の後に入るわけで、トレードでは有利に戦える。

どの銘柄でも、どのチャンスでも、株式投資は「押し目狙い」が基本である。

その落ち着いた投資のスタイルが、成功の要件となる。

基本を外さなければ、投資の勝率は格段に上がる。

7733 オリンパス

「株探」https://kabutan.jp

鬼100則 67

下げの限界を見切る複数のコマ

朝から、株価が下げてくる動きがあると「今日はだめか」と天を仰ぎたくなるかもしれない。

確かに、私たち個人投資家は、毎日売買をしなければならない理由はない。それが強みでもある。

しかし、この変動相場では、そこで目を切らないで、**下げの限界を追跡することが、成功のカギ**となる。

この日の株価の「仕込み」のチャンスは、だらだら下げて、やがて売りが途絶えて、**小さな持ち合いの「コマ」が出た後**だ。

コマが出て、その後、陽線になるのは、**それ以下の売りが出ない**ということである。**後は上げるしかない**足の動き。

このチャンスを目ざとく探して、仕込んでいけば、買いが強くなることが予測できるので、「買い有利」となり、値幅を取るチャンスにありつける。

このような「下げの限界」を逃さずいただくのが、賢明な取引の決め手である。

普通は、下げている銘柄は追いかけないものだが、そうではなく、下げた銘柄をしつこく追いかけて、「下値限界」を仕込む気概を持ちたいものだ。勝利のチャンスをものにする実力が備わるからだ。

最悪に見える時にこそ、株式投資には、チャンスが転がっている。

3769　GMOペイメントゲートウェイ

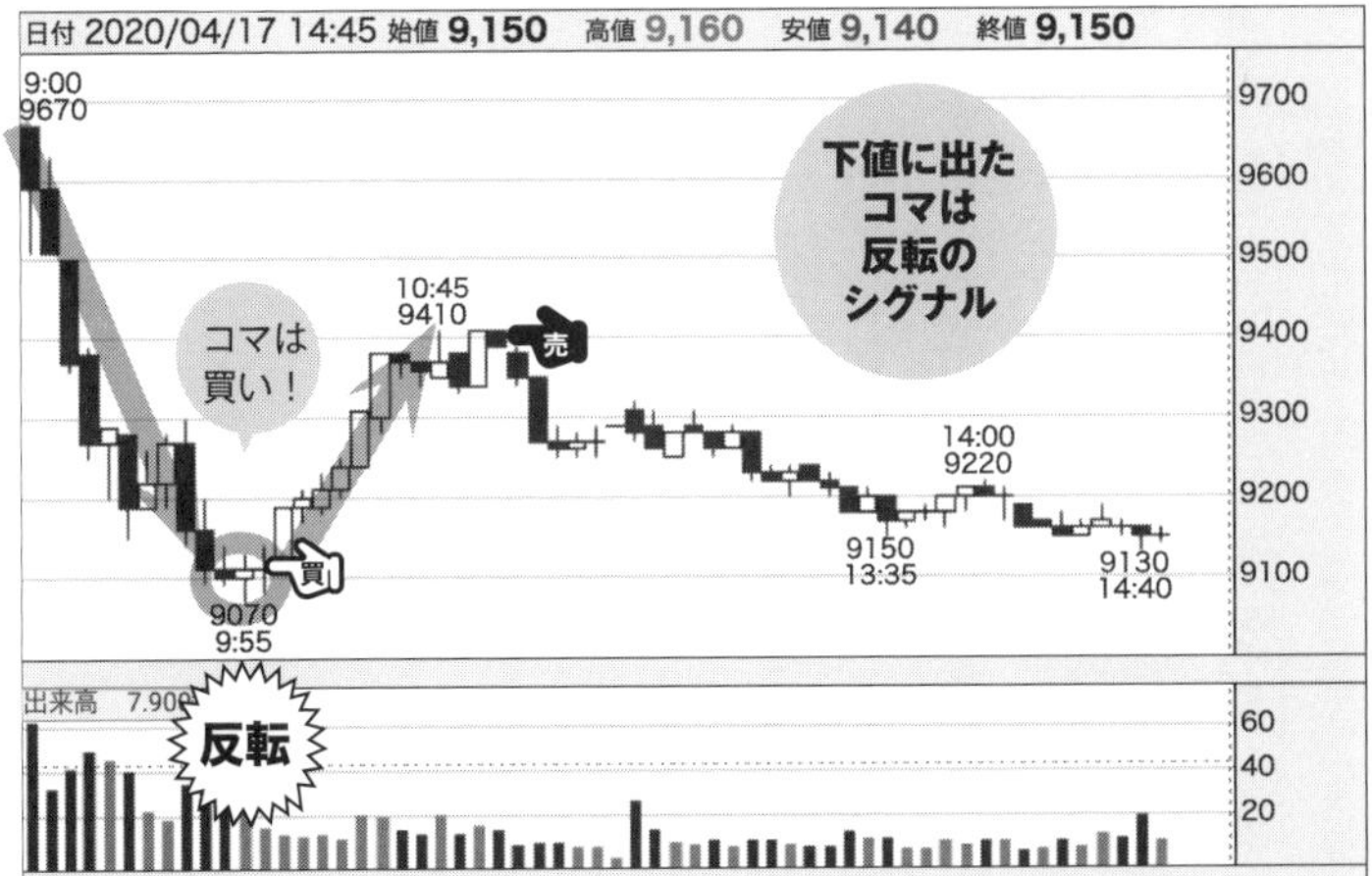

ペナント上抜けを狙う

「ペナント放れ」は、株式投資では見逃せないチャンスである。

株価の変動には、無数のシグナルがあるが、ペナント型からの動きも大きなチャンスをもたらすので、ぜひとも覚えて、トレードの材料にしていきたい。

株価は売りと買いのバランスで成り立っている。

買いより売りが多ければ下げる。

逆に、買いが多ければ上げになる。

ペナントとは、このバランスが持ち合いながら、上下の幅が狭まり、やがて、爆発するように動くことである。

三角持ち合いとも言うが、**ペナント**には、**上値は変わらず、一定の株価を維持するが、下値が次第に上がる**特徴がある。

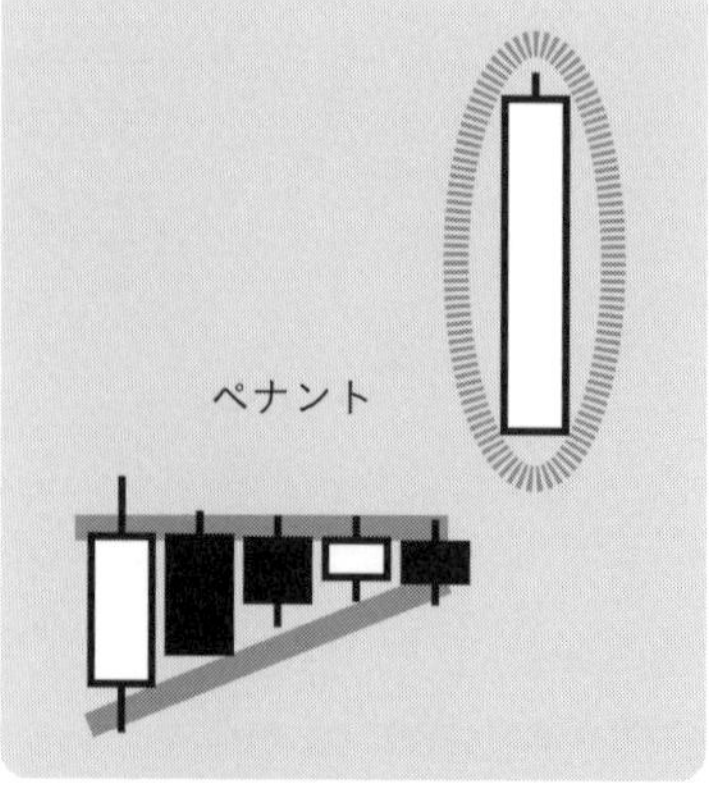

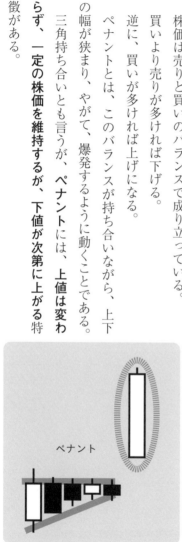

下値が上がり、上値は抑えられている。

このシチュエーションでは、株価の方向は上に向いてエネルギーが溜まることが考えられる。

持ち合い放れ、上値抵抗線をブレークした時が、仕込みのチャンスになる。

後はブレークアウトした勢いに乗り、含み益を増やしていけば良い。

やがて、上げの限界が来て、陰線が出るが、ここが利益確定、「逃げる」タイミングである。

このように、株価の動きは、買い方・売り方の強弱感で成り立っているので、その力のバランスを読み切ることで、チャンスが生まれる。

ぜひ、うまく活用して、利幅を取る技術にしてもらいたい。

4248 竹本容器

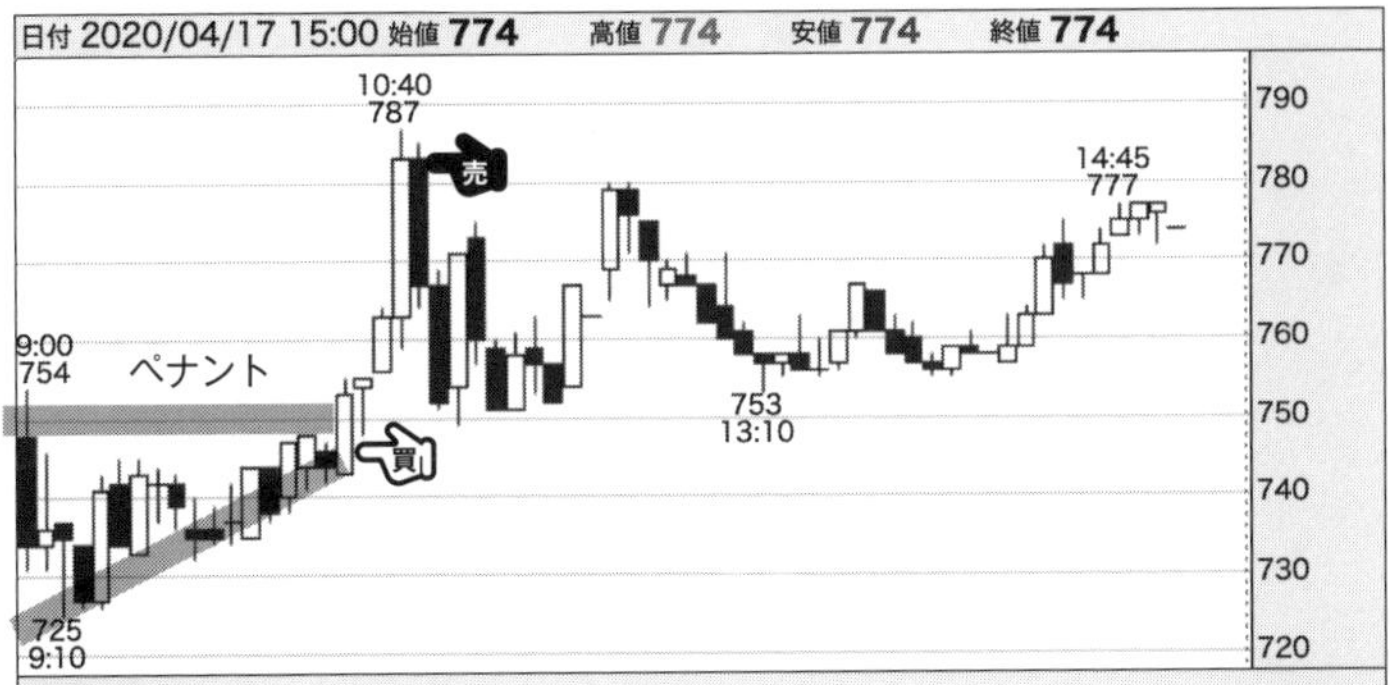

鬼100則 69

逆落としの限界を仕込む

「長い夜の後に、光が見える」

このようなフレーズは、よく聞くことだ。

株式市場も同じである。

しかし、デイトレなので、そこは、いわゆる「悪材料満載」で下げ続ける銘柄ではなく、**右肩上がりだが、買われ過ぎからの急落の局面が狙い目**である。

ここに挙げた銘柄の株価は朝の急騰の後に、だらだらの下げで「チャンスなし」と見えた。

しかし、人が目を離した時がむしろ、チャンスと見たい。

この銘柄は、人気があり、お茶「伊右衛門」ブランドなどで知られる国内2位のメーカー。

株価は下値での底這いだが、いつ人気化するかわからない。

相変わらず、弱い動きではあるが、「買いたい弱気」もあるので、面白い。

下げは限定的な銘柄なので、下値には、そこそこの買いも入る。

上げしかない銘柄の代表とも言える。

下値不安なしの銘柄で、派手に上げてはいないが、含み損拡大の銘柄ではない。

この日の動きを見ると、朝の勢いはなんのその午前中は下げの一方向。

しかし、後場になり、売りが途絶えて**「寄り引け同時線」**が出る。

「売るだけ売られて、さらなる加減下値は売りなし」のシグナルだ。

ここから株価はじり高となり、売りの終わり、買い有利の展開となる。

この手の動きは多いし、買いでの参戦が成功する確率が高い。

下値を確認して、果敢に仕込む。

ぜひやりたいチャートの動きである。

2587 サントリー食品インターナショナル

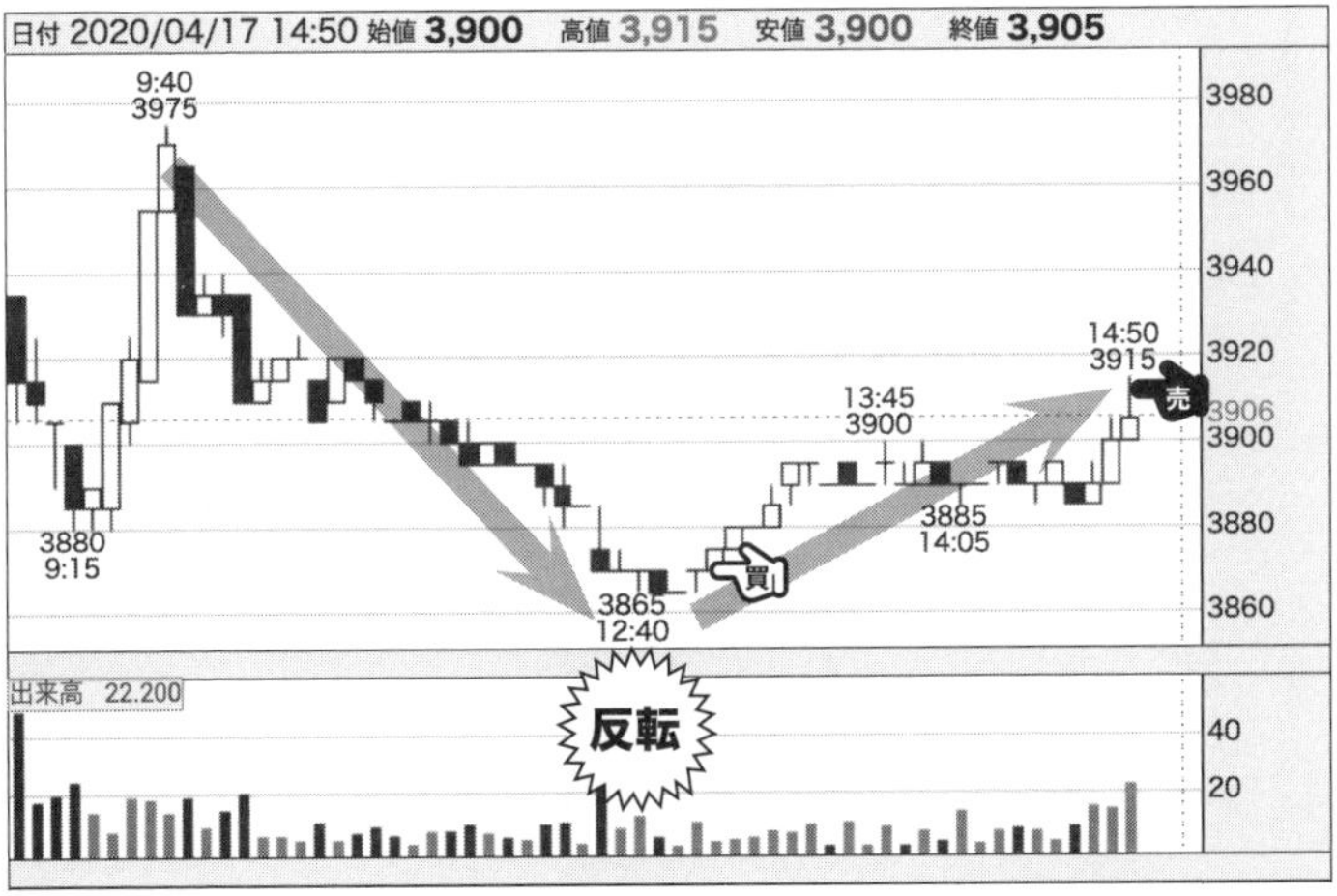

「株探」https://kabutan.jp

第8章

下げのテクニカル9つの特徴

投資は敗者のゲームである。
上手く負けることのできる人が勝者となる。

チャールズ・エリス

文殊でも備えの立たぬ商いは、高下の変あれば破るる。

鬼100則 70

上げの限界を見極める

株価はぐんぐん上げてくると、やがて、上げの限界を迎える。

この時点の見切りが大切だ。

上げたものはやがて下がる。

デイトレでは、**その日の株価の波動を読んで対応する**ことが極めて大切である。

寄せては引き、引いては寄せる自然の息遣いにも似た動きが、株価の変動にもある。

ここをとらえられれば、「まだ行く、まだ上がるだろう」という無謀な希望を持たなくなるだろう。

株の世界では、「青天井」は、絶対にない。

7963興研　日足

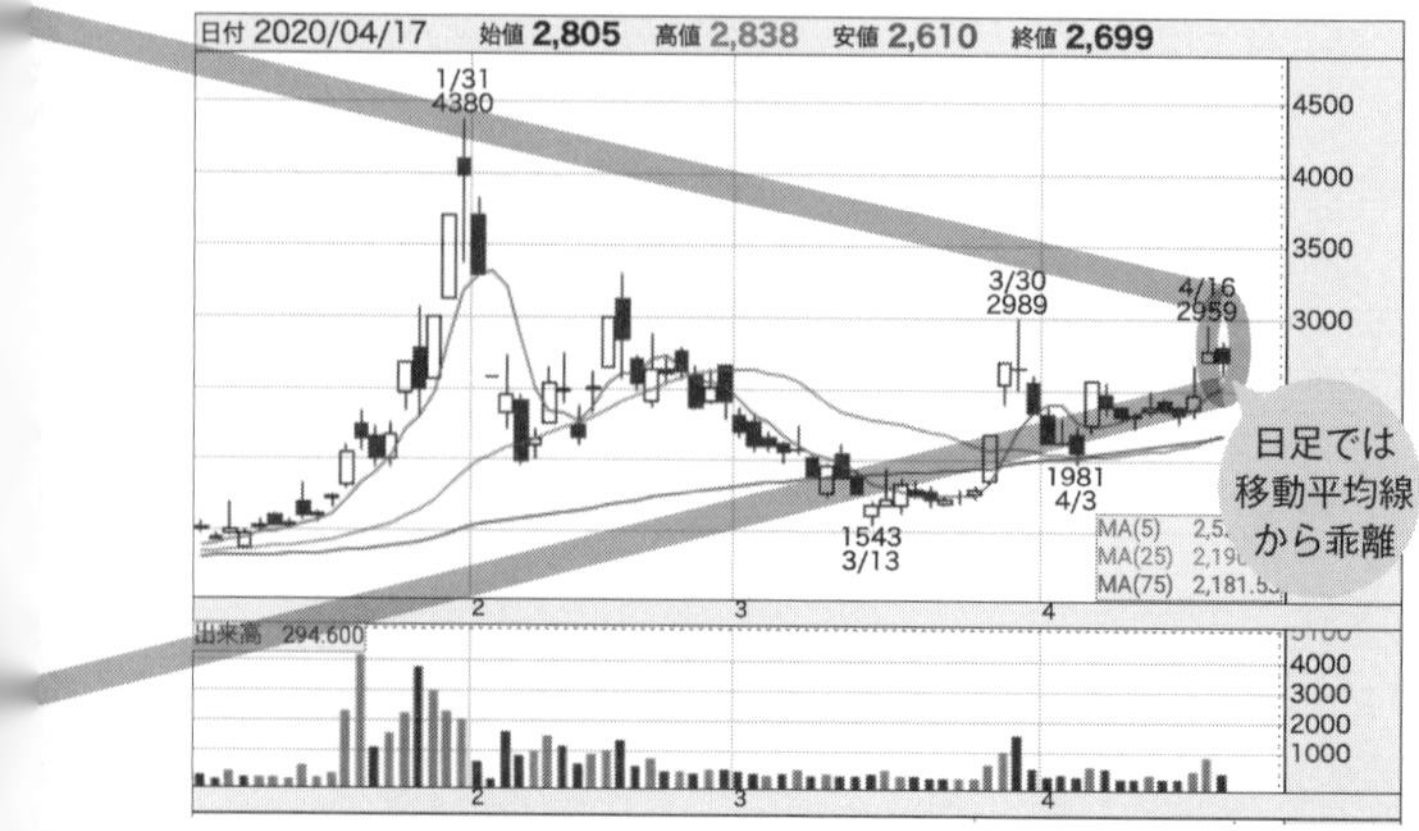

半面、下げでは、ゼロになる可能性がある。

これが株式投資で怖いところだ。

「超ハイリスク、ハイリターン」である。

しかし、ここで述べているように、トレンドの銘柄、追い風の銘柄を対象にすれば、最悪の事態に陥らないで済む。

仕手株狙いでは、たまにボロ株を対象にするので、万が一にでも「ゼロになる」ことを覚悟しなければならない。

できれば、業績の良い銘柄を相手にしたい。

さて、頭をつけた銘柄は、落ちるしかない。

そのタイミングを見逃さず、逃げる。

売り建てる。

この投資スタンスが、リスクを避け、リターンを最大化するのだ。

7963 興研

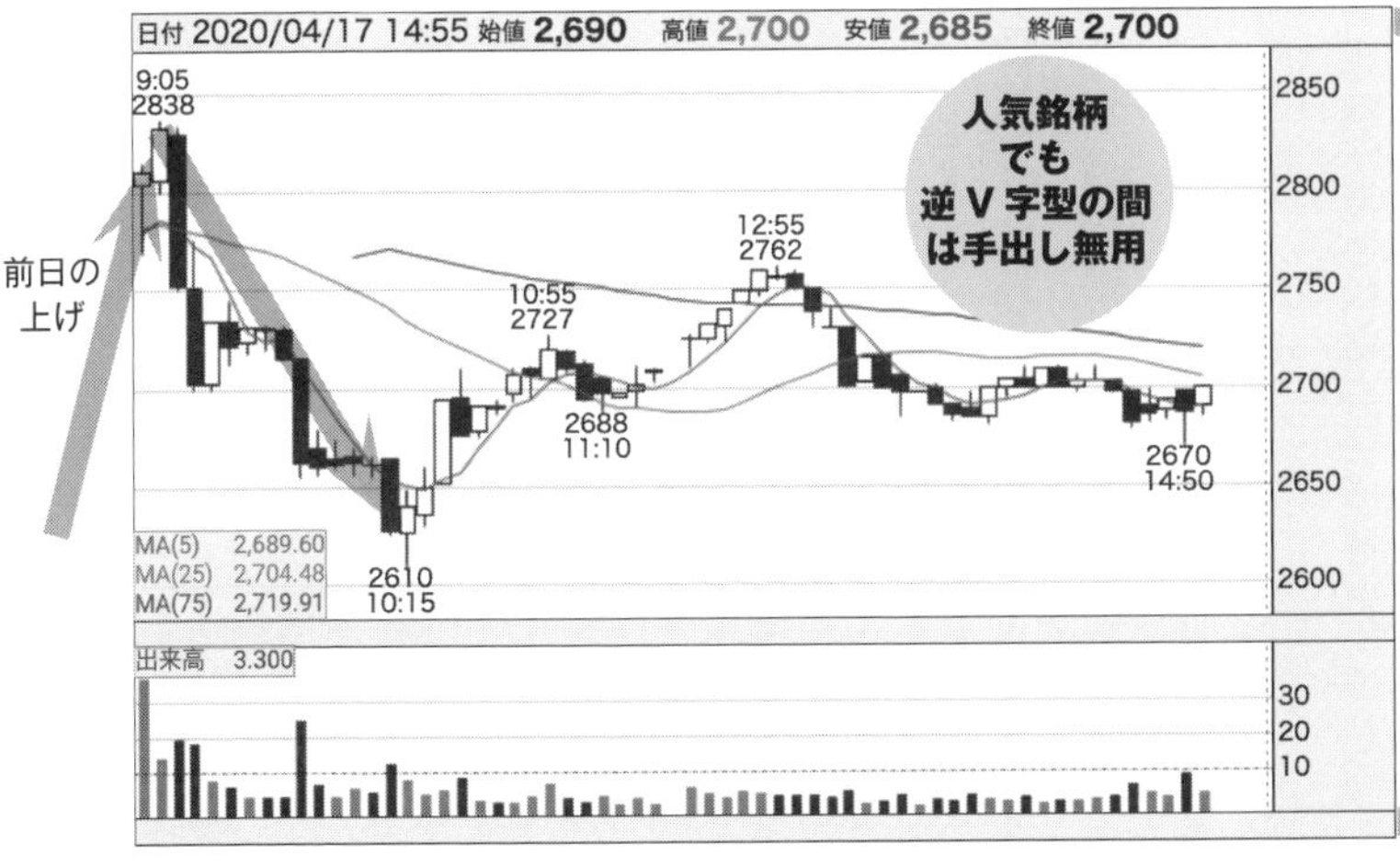

「株探」 https://kabutan.jp

鬼100則 71

強気満載の時に出る上ヒゲが危ない

上げの限界。

逃げるポイントの代表は**上値に出た「上ヒゲ」**である。

チャートでこれほど明確な「売り、利益確定」のポイントはない。

これを見逃すようではデイトレの相性は最悪と言って良い。


ここに挙げた銘柄は、朝からじり高となる。

しかし、上ヒゲ陽線を合図に、陰線が2本出て、その後は陰線有利となり、じり安となる。

この時点で人気沸騰の遠隔医療の代表的な銘柄だが、一気の上げには、さすがに売りも出てきた形だ。もう手放すしかない。もちろん、この日は、である。


「また戻すだろう」という強気一辺倒のトレードは、失敗のもとになる。

いくら強い銘柄でも、押し目は必ずある。

むしろ、上げ一辺倒の銘柄には、押し目はつきもの。

デイトレでは、**強気満載になった時に、落とし穴がある。**

この変化をかぎつけて、値惚れ買いをしない、押し目の限界を見届ける冷静さが大切である。

もちろん、人気のトレンドの銘柄は、多少の押し目は心配はないので、含み損が出ても、失敗にはならない。

しかし、デイトレ限定では、「人気銘柄で含み損」は、気分的に良くない。

朝からのだらだらの下げに出会ったら、深追い禁物。下手なナンピンも避けたいところだ。手放しておけば、次の機会も狙えるだろう。

6034 MRT

出来高を伴う下げは逃げよ

このチャートの動きも調整場面だ。

巣籠もり関連で、執筆時現在、極めて高い人気化の銘柄だが、一方通行の動きはそうはない。

上げては押しの繰り返しで、株価は動く。

この日は主役交代で、ほかの銘柄に買いが向かう動き。

そのバランスからか、朝からいきなりの大きな陰線に見舞われた。

しかも、出来高急増である。

この場面で、「買いだ」と、早とちりは良くない。

何処まで下げるか、冷静な追跡が必要だ。

2484 出前館　日足

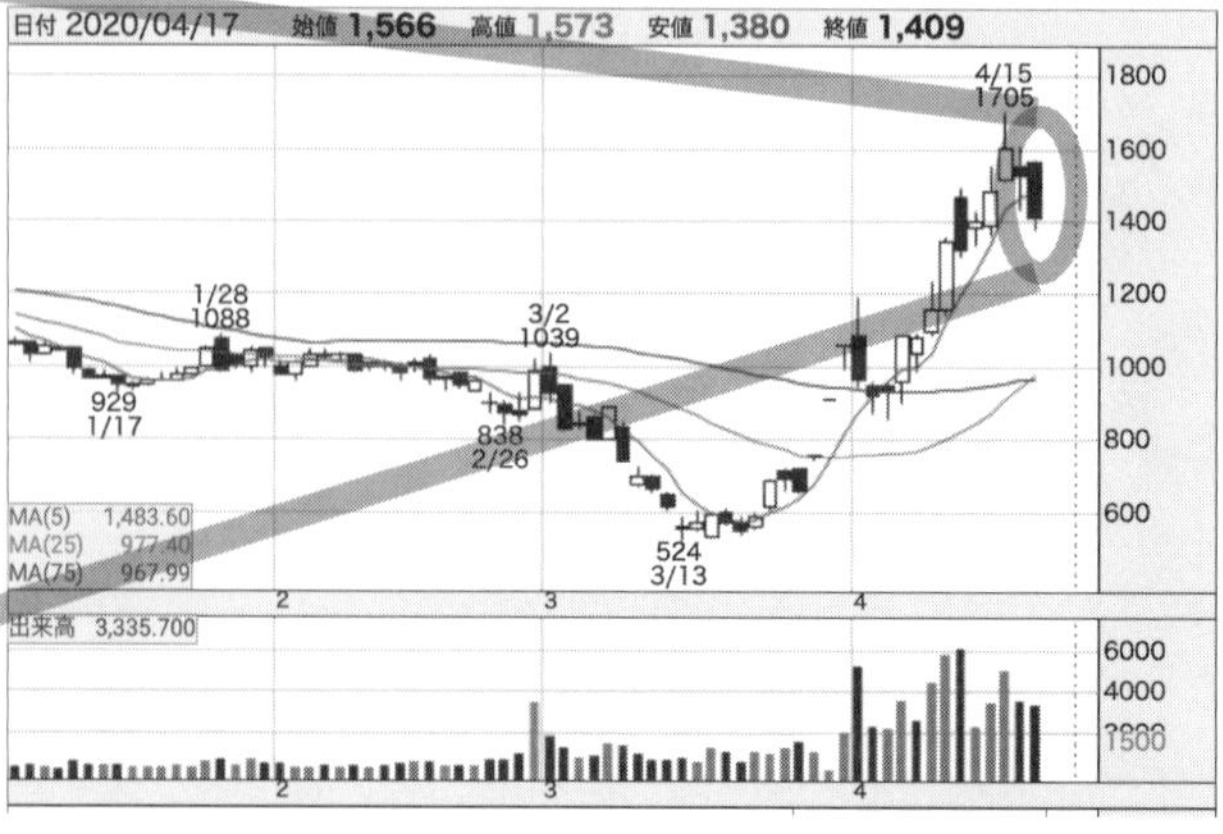

信用であれば、「売り建て」のタイミングである。

しかし、売りは上級者のみに許されること。ヘタに売りを仕掛けて踏み上げられると全財産をなくすので用心したい。

株価は上げて、下げて、方向を出してくる。

この「満ち潮、引き潮」のリズムを考えながら、賢明な取引をしたい。

株式投資も地球の営み、自然の循環に倣う動きであることを心得たい。

下げの時には、迷うことなくスイングなら利益確定。

デイトレは、売り建てでの参戦が良い成果が得られる。

その循環を間違わないようにしたい。

2484 出前館

鬼100則 73

窓開けの後の上ヒゲ続きは逃げよ

デイトレで主に見るのは「5分足チャート」だが、日足や週足のトレンド、つながりをしっかり見て判断したい。

また、出来高や資本金、時価総額、浮動株などのデータによっても動きが違う。

そこで、できるだけ**売買出来高のある銘柄を選んだ方が、デイトレはやりやすい**。

なぜなら、気配の株価が飛んでいる（気配が離れている）と、素早く「成り行きの売り」「成り行き買い」をした時に、不利な株価で成立してしまうからだ。

「思ったよりも安く売れてしまった」という後悔はしたくない。

ここに挙げた銘柄は、なんとか5分足がつながっているので、株価の動きが読める。

このローソク足にあるように、株価がもみ合いながら上値を試しに行った過程で、株価が飛んで、上に放れた。

この時点は、利益確定のタイミングになりやすい。

なぜならば、上に飛んだ段階で「売らなければ」と考える投資家が増えるからだ。

賢い投資家は、上に飛んで「有利な時に」利益確定を行う。

そこで売り注文が増えれば、売買のバランスが崩れて、株価の方向が変わるからだ。

その方向性の転換が、上ヒゲの連続に現れている。

売りが多くなれば、陰線が増え、売買する人も逃げる体勢になる。

このような**「窓開けの株価変動」では、利益確定**、逃げる体勢を強めたいところである。

3672 オルトプラス

鬼100則 74

出来高急増の下げは手出し無用

朝一の出来高急増での最初の陽線を大幅に否定して、大陰線が出た時は、明確な下げシグナルである。

これは、デイトレというよりも、スイングに当てはまるタイミングというか、さもなければ、「空売り」のタイミングになるかもしれない。私は空売りはお勧めしないが。

相当な確率で、株価の方向は下。

手持ちの株は手放すしかない。

下げている間は手出し無用だ。

チャートで読むのは、投資家の心理である。

株価が出来高を伴い、明らかに下に向いた段階で、これを反転させるには、大変なエネルギーがいるとわかる。

もちろん、株式市場には新手の投資家も混ざるので、「下げと見せかけて拾う」行為は、日常茶飯事。

騙しも大いに可能性がある。

「チャート職人」という言葉があるが、わざとチャート上で売りシグナルを出して、その後、急騰させる可能性もゼロではない。

とはいえその時は、**潔く撤退する**ことだ。

高確率で下げの局面では、チャートを見ている多くの投資家が同じように感じている。それに従った方が、失敗の可能性は薄まる。

株式投資は、確率の勝負だ。

潮目が変われば、すんなり従う柔軟性も必要なのである。

7047 ポート

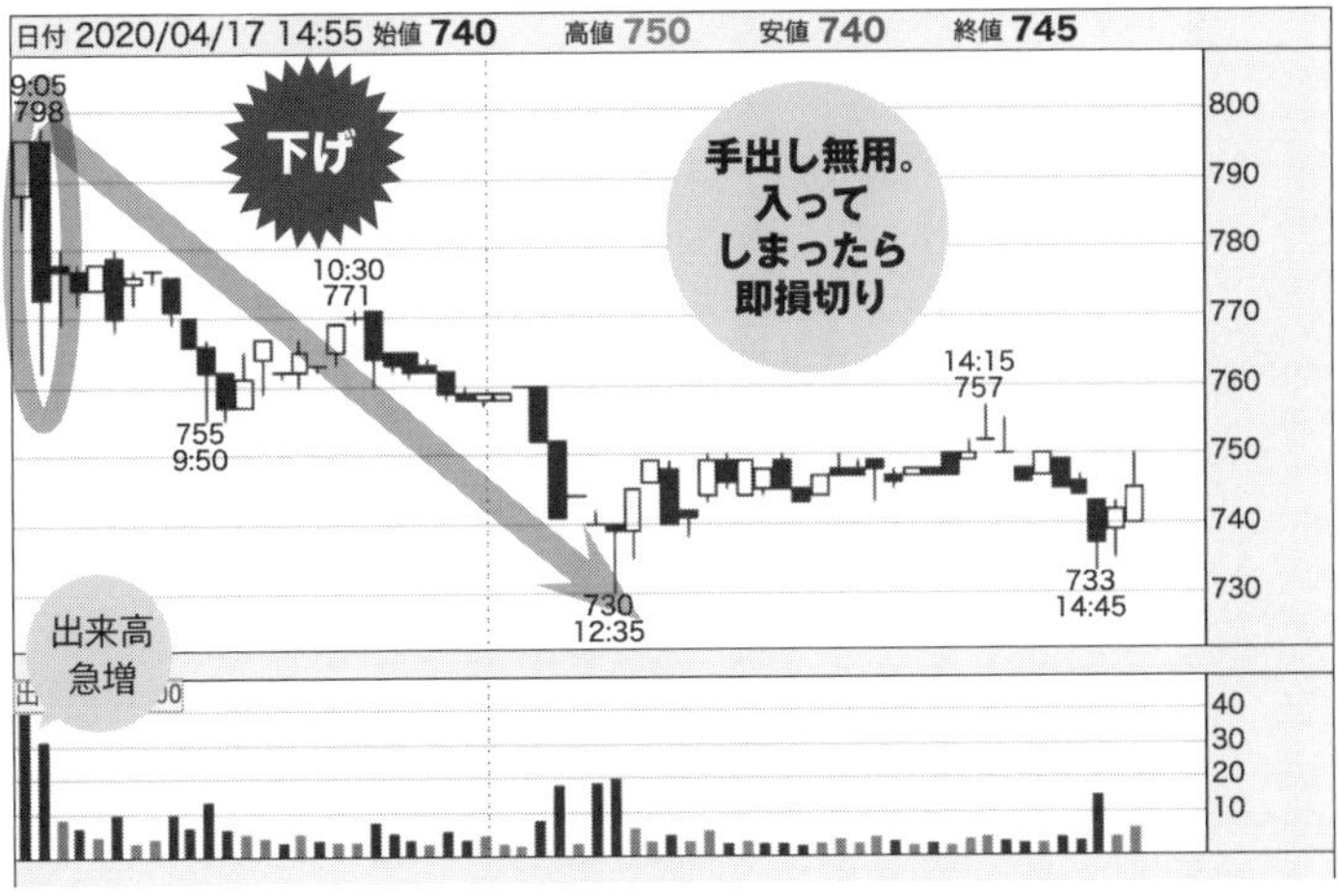

「株探」https://kabutan.jp

鬼100則 75

大陽線を打ち消す陰線続きにチャンスなし

朝一で出来高を伴って、大きな陽線を見せて上げた株価。

このまま上に行くかと思いきや、次の瞬間では、上ヒゲをつけながら、大きな陰線を形成した。

ここは「売り優勢、利益確定」のバランスになっているので、逃げた方が賢明だ。

わずかな調整ならば、再び上に飛ぶ可能性もあるだろうが、**陰線2本での下げは、売り優勢が確実**だ。

次の瞬間でも、小さな陽線を挟んで、さらに大陰線。

下げトレンドの5分足を見る限り、この銘柄に長居は禁物である。

スイングで持っている銘柄ならば、とりあえず、手放そう。

翌日の相場で入り直しても良いし、新たな気配で挑戦しても良い。

このように右肩上がりの人気の銘柄でも、人気先行があれば、当然ながら、利益確定の売りもある。

長い目で見るならば、多少の含み損は放置で良い。

しかし、戦時のデイトレという観点からするならば、「売りシグナル」、すなわち大陰線が出た段階で手放すのが賢明である。

デイトレは、超目先の売買になるので、時々刻々と変わる5分足を見ながらの素早い判断が必要になる。

この日の動きは弱いことは明らかなので、強気を持たないことだ。

9450 ファイバーゲート

鬼100則 76

高値持ち合い抜けの下げは下落明確

朝の株価の動きは、デイトレに極めて重要なので、見張ることが大切だ。

例えば、好材料があり、仕込んだとしても、その後の動きで、上に行かなければ逃げるしかない。

ここに挙げた5G関連銘柄の動きは、**下値は持ち合い、抵抗線が強い。だが、上に株価が行かない。**

これは危ない動きである。

下値は買われるが、上に飛ぶ買いが湧いて来ない。

「上値を買う人がいない」

ということなので、ここは用心が必要だ。

この動きが続くと、「旨味なし」との判断で、買い手がほかの銘柄に行ってしまう雰囲気である。

案の定、株価の下値がブレークして、下落傾向になった。

この**「下値抵抗線」を下抜け**した段階で、弱い傾向が明らかになる。

買いが出ないで、イライラの売りが出る。**即刻、逃げるタイミング**と読まなければならない。

デイトレでは、「逃げること」を潔く決めることが大切だ。

「損を小さく」は、デイトレの鉄則。よく心得たい。

4485 JTOWER

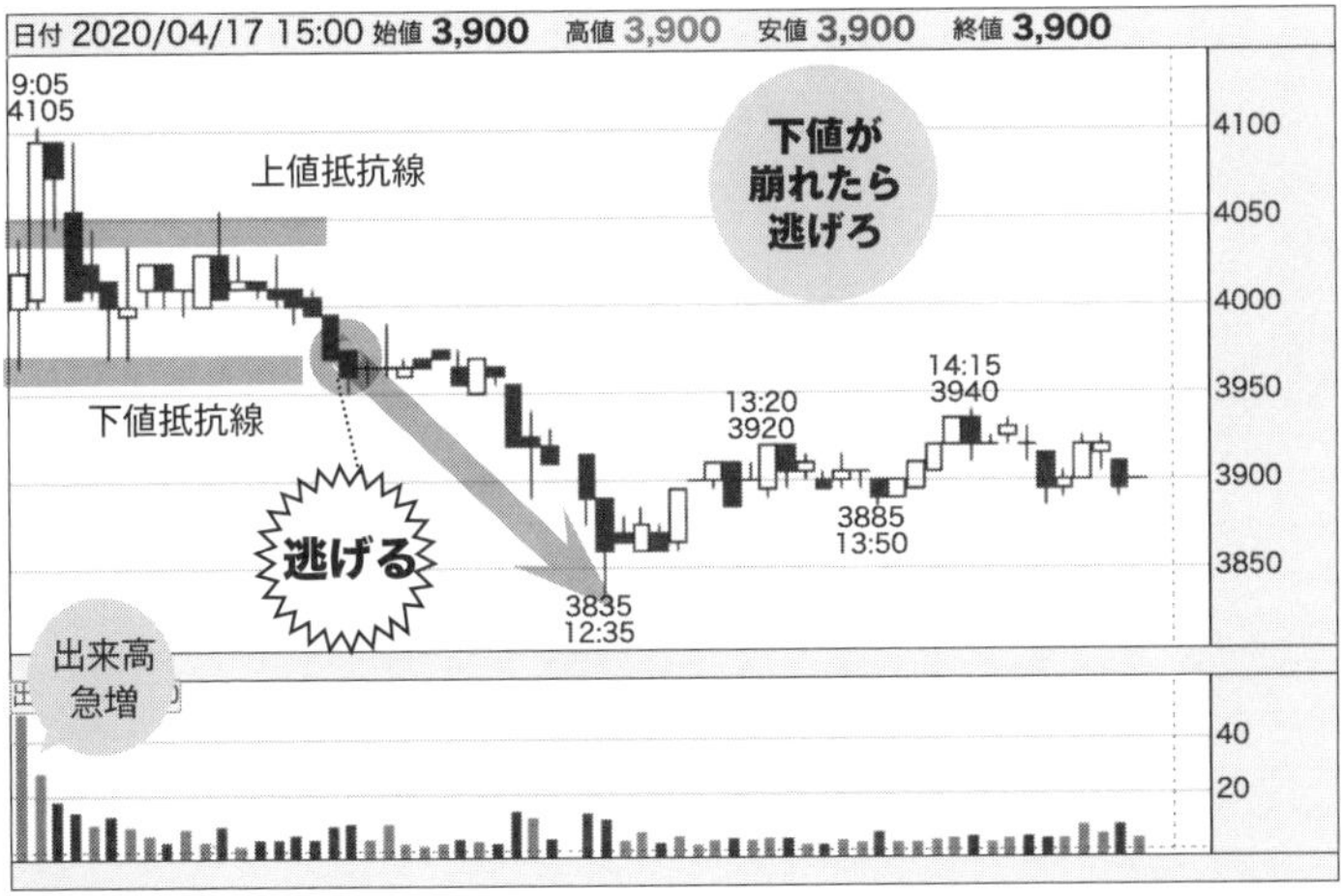

上げを打ち消す「かぶせ線」は逃げるが賢明

株価が上げ基調から「下げ」に転じた時点では、素早く利益確定しないとチャンスを逃すので、注意しなければならない。

この銘柄は、朝から、少しの押しを入れながらも、陽線が勝って、上げ基調であった。

しかし、大陽線、陽線の連続に気を良くしていると、次の瞬間には、上に飛んだ株価が、売りに押されて、陰線となった。

売り圧迫に、買いが負けた弱い組み合わせである。

陽線に上から陰線が覆いかぶさる。

「**かぶせ線**」の出現である。

「上値限界」の足の組み合わせなので、逃げるが勝ち。

明らかな売りシグナルとなる。

これを見逃すと、せっかくの含み益が消えてしまうので、利益確定のタイミングは逃すべからず。

デイトレでは、仕込んだ銘柄が含み損になる前に、適度な利益確定をする見極めが必要になる。

含み益は、あくまでも「架空の利益」に過ぎない。

「ああ、儲かっていたのに」

という嘆きは、何の役にも立たない。

利益確定があって、初めてトレードの成果となる。

陽線に対して陰線が上からかぶって来たタイミングで「売り優勢」の相場に変わった。

そこで機敏に判断して、手じまうことが大切である。

株価はあくまでも、売りと買いのバランス。それを読み切ることでしか、判断の正しさは表現できないのだ。

3778 さくらインターネット

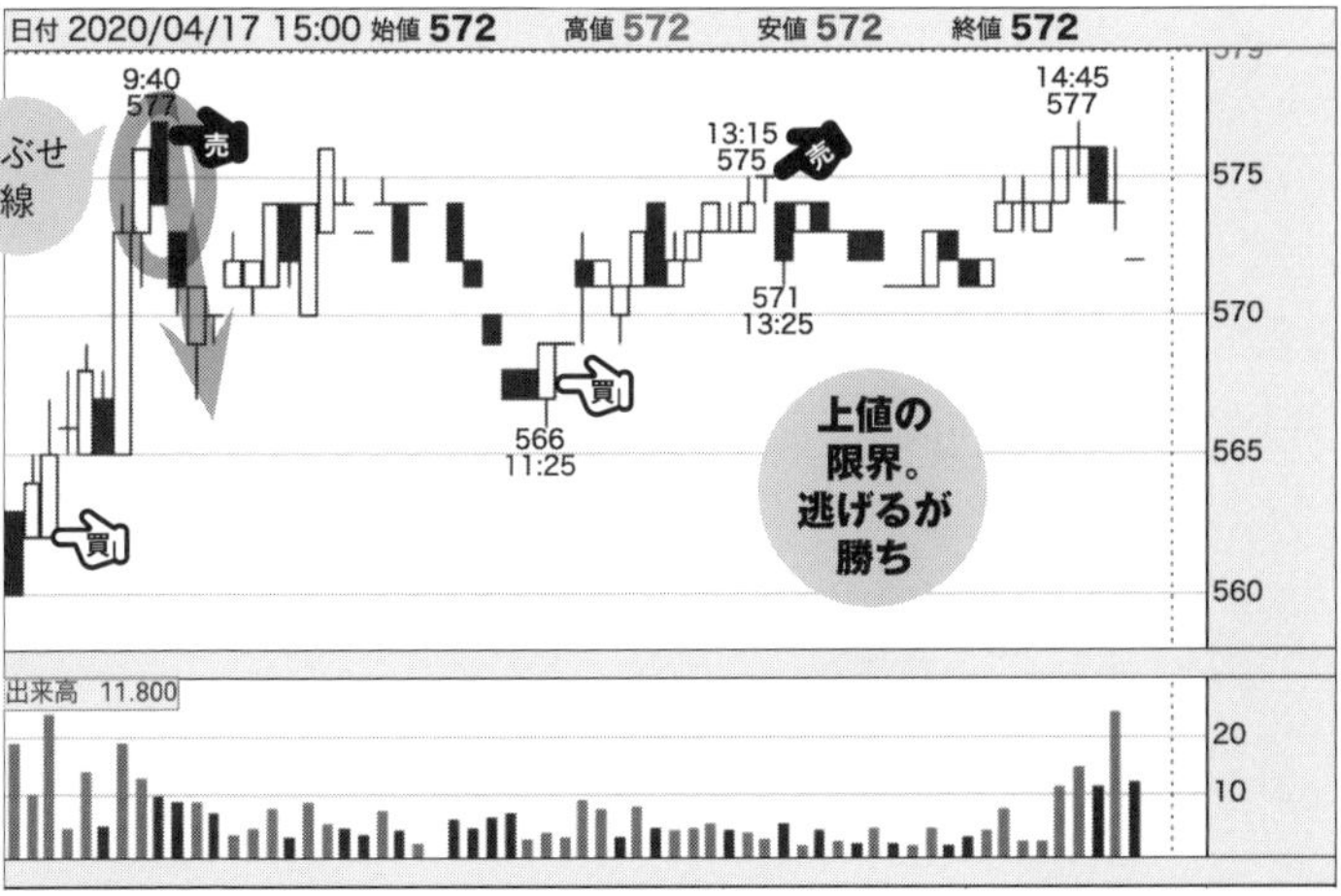

鬼100則 78

上げた後の「陰のはらみ」は上値限界

前日までの好調を受けて朝一で上げた株価。

何処まで上がるかなと見ていると、今までの上に伸びる陽線が嘘のように、株価は一休み。

それどころか、小さな陰線続きとなった。

これは注意したいシグナルだ。

上値に出た「はらみ線」は、株価が上値限界、下げの合図である。

株価はあくまでも需給関係。

そのバランスが崩れると、チャートに明確に表れる。

嘘はつけない。

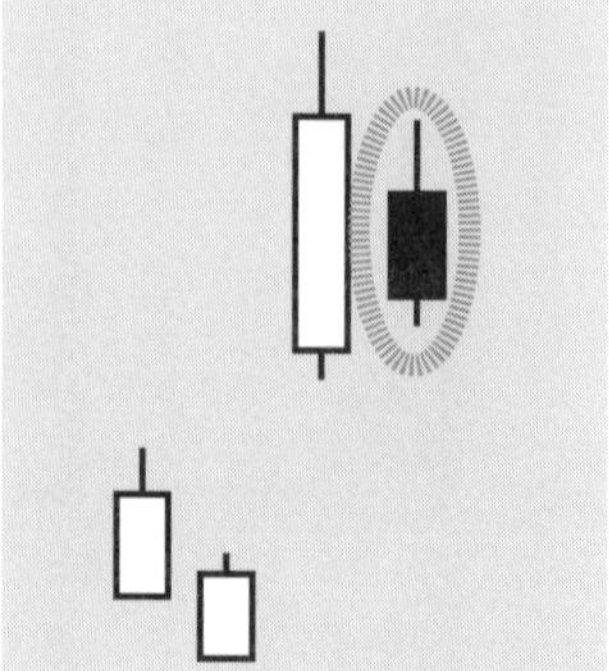

はらみ線

「はらみ」というのは、前につけた陽線の範囲で動き、しかも、売りに押されて、前の株価を抜けない弱い線である。

これが出た時は、相当な確率で、株価は「当面の天井」を示すので、手持ちの銘柄は利益確定、逃げるのが、正しい。

株価は上げ下げの波だが、間違うと、せっかくの含み益を元の木阿弥にしてしまい、何のためのトレードかわからなくなる。

この手のシグナルが出たら、迷わず利益確定したい。

まだ上がるだろう。

独りよがりの考え方では、大体は失敗に終わる。

確率を重視して、勝ち抜くことが大切である。

4480 メドレー

第9章

板情報を見極める

相場は常に絶対的に正しい。それに対して、人間はしばしば誤った予想を抱き、進む道を踏み誤る。だから、相場の動きに相場師の方が合わせるのだ。

ジェシー・リバモア

ありのままに見、ありのままに行動できるものを勇者と呼ぶ。

チャールズ・キャロル・エバレット

板の動きから、成約する注文の値を判断する

デイトレでは、できるだけ下値で仕込むと、株価の動きの中で、利幅を最大化できる。

では、どうするか。

現在値で買うには、「成り行き」でも良い。

しかし、それでは、株価が下に動くと「含み損」になってしまう。

そこで、その日の5分足を確認したうえで、**「最安値」近辺に指値**したい。

さらに、**それよりも下にも指値**する。

「ダメ元」で良いのだ。買えなければあきらめるのみ。

「買えればラッキー」くらいのスタンスでないと、株では勝てない。

板情報には下値にも多くの注文が見られるがこれは「買えればラッキー」勢の指値だ。

--	成行	--
売	気配値	買
30,000	OVER	
400	1760	
500	1740	
800	1720	
1,200	1700	
2,000	1680	
	1660	12,000
	1640	4,000
	1620	2,000
	1600	3,000
	1580	1,200
	1560	1,000
	1540	800
	UNDER	20,000

ダメ元で指値

ただ毎回買えないのでは、トレードにならない。

そこで、５分足の動きを見ておいて、**下げて来て反発に向かった時点で「成り行き買い」を入れる**のも、一つの方法だ。

株価が右肩上がりの「日中安値」なら、仕込んでも問題はない。

例えば、ここに挙げた銘柄は北朝鮮の政情不安を背景にした防衛関連の注目銘柄で、朝から勢い良く上げた。ここで買えなくてもやがては利益確定の押し目がやって来る。午後の押したところをうまく買えば良い。

動いている時の押し目は、絶好の買い時なのだ。

もちろん、様々なテーマの銘柄が手を替え、品を替えて出てくるので、固定観念は禁物だ。

「できるだけ安く買う」値を見極めたい。

6208 石川製作所

鬼100則 80

「特別買い気配」には成り行きの買いを入れる方法も

株の売買は、売りと買いが注文の上でバランス良く、それほどかけ離れていなければ、「即時成立」が原則である。

ところが、朝一の売買でも、場中であっても、売り買いどちらかが急に増えた時は、「特別気配」の印が出て、売買の注文数が均衡するまで、売買は成立しない。

ところで、どのような時に「特別買い気配」が出るのか。

ここにある板のバランスを見ると、600円の株価では、値幅で10円を超える株価では、売買成立とならない。

売りに640円の玉が20000株あるが、40円も離れているので、売買は成立しない。

そうこうしているうちに、3000株の「成り行き買い」が入り、その株価が「**特別買い気配**」と、表示される。「**さあ、ここで売りを出してね**」**という催促の板**である。

それでも売りが出て来なければ、3分後には「特別買い気配」は、20円の値幅のところに、その3分後には30円値幅のところに出る。

こうして、売買均衡を催促しているうちに、売買の玉数がそろい、「板寄せ」の形で、株価が成立するのだ。

この板では、「そんなに安くは売れないよ」という気配なので、特別買い気配のタイミングで、「成り行きの買い」を入れるのが良い。

１００株でも、５００株でも、**成り行きの買いが最優先で成立**することを知っておこう。

「特別売り気配」の時も、一番安い売り気配で成立するので、どうしても売りたい人は、成り行きの売り、もしくは少し離れた安値で売りを出せば成立しやすい。

ただ、売りの時は、大きく損はしたくないので、投げる時以外は冷静に対応したい。

それでも利益があるならば、問題はないが。

なお、特別買い気配の出る値幅は株価により変わる。

特別買い気配の値幅

気配値段	値幅
200円未満	上下５円
500円未満	8円
700円未満	10円
1,000円未満	15円
1,500円未満	30円
2,000円未満	40円
3,000円未満	50円
5,000円未満	70円
7,000円未満	100円
10,000円未満	150円
15000円未満	300円
20,000円未満	400円
30,000円未満	500円
50,000円未満	700円
70,000円未満	1,000円

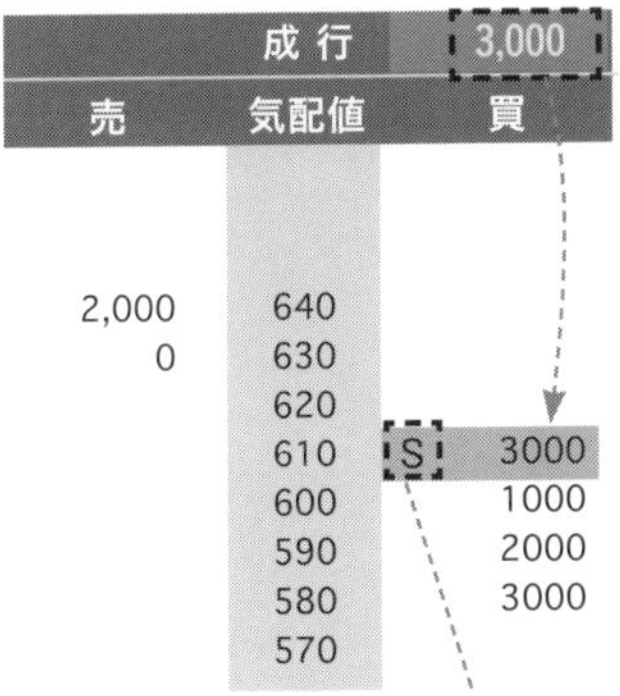

特別買い気配の印。
「特」などの場合もある

鬼100則 81

「見せ板」は、売り買い双方に出てくる

株の売買をしていて、板情報を見ていると、寄り付き前でも、場中でも、株価を操作したい大口の「意図的な注文」が結構多く見られる。

これが「**見せ板**」である。

例えば、勢い良く上げている株価の場合には、「少し押し目が欲しい」という意図から、**一桁も二桁も多い「売り注文」**が出てくる。

あまりにも多い注文が、売りの方に出ると、その注文をこなす買い注文が出るのは、時間がかかる。買っても買っても、上値が抑えられる現象になり、しびれを切らした投資家は「成り行きの売り注文」を出してくるので、当然ながら、株価は下がる。

「見せ板」成功である。

このタイミングで、見せ板を出した筋は**安値で買い注文を出して、玉を仕込む**のだ。

あまりにも株価の勢いがある時は、ものともせずに一気に買われてしまって効力がない

が、少し強いくらいの板では、見せ板の効果が出やすいので、大口は多用して、株価を操る。

また、**買いの方にもある程度の位置に大量の買い注文を出して**、「これ以下には下げさせないぞ」という意図を見せる。この見せ板も効果があり、**下げるのを止める**時が多い。

しかし、暴落に近い時は、巨大な売りが成り行きで出てくるので効果は薄い。

見せ板の効果があるのは、通常の商いの中で相場を操る時が多い。

見せ板の様子で、その裏にいる「大口の意図」を感じながら売買をすることが、賢明な「板読み」の技である。

板の裏にある買い手、売り手の気持ちを察知しよう。


朝の寄りを低くさせるための「売り」

834,700	成行	198,500
売	気配値	買
2,599,800	OVER	
100	1232	
300	1231	
100	1230	
300	1229	
9,200	1228	
2,000	1227	
100	1226	
100	1225	
4,000	1224	
885,500 前	1223	
	1222	前 896,400
	1221	8,700
	1220	41,500
	1219	1,700
	1218	2,900
	1217	1,200
	1216	1,600
	1215	9,600
	1214	100
	1213	4,300
	UNDER	1,380,500

鬼100則 82

執拗な見せ板は明らかな仕手操縦

同じ見せ板でも、一度くらい出て来るのは、ファンド筋の「スピード調整」であるが、不自然に頻度の高い見せ板は、明らかに仕手筋が株価を意図的に操り、「チャートを作る」行為である。

この手の板が頻繁に見られるのは、大型株ではなく小型株、新興の小型株、特に時価総額の少ない銘柄である。

浮動株も少ないので、大した株数を使わなくても、上値・下値を抑えられる。しかも、成功率が高いからだ。

仕手筋には、様々な会員が入会して、利益を期待している。

それも、ランクの高い上級会員から、一般の会員まで存在している。

株価を押し上げる当初は、上級の会員に仕込ませ、仕上げには、大量に小資金の一般会員が出動する。

もちろん一般会員も損させられないので、一般会員が逃げるタイミングは、高値をつかみがちな個人投資家に買わせて作る。

そのために、板の操作が行われるのだ。

個人投資家は、こうした「板の操作」を見破らなければならない。

特に、**下値に大量の買いがあるかのような「見せ板」には用心**したい。

まだ下値があるから大丈夫と安心して高いところで買うと、**今まであった「下値の見せ板」が、あっという間に消える**のだ。

株式投資の世界は、ある意味で、「騙し合い」である。

それをファンド、仕手筋はもちろん、大手の証券会社までが行っている。

自分の会社の上客、特に手数料をたくさん支払う客のために、見せ板を利用する。

株の世界は、決して「フェア」ではない。それを知ることが大前提である。

敵の暗躍を見破る。

この賢さが投資の勝ち組を可能にする。

用心したい。

鬼100則 83

引け前に出来高を増し厚くなる板は情報漏れだ

株式投資は15時に大引けを迎える。

後は、夜の17時からのＰＴＳ（夜間取引）が、夜中の24時前まで行われる。

ところで、15時の大引け直前に、いきなり板の動きが激しくなり、株価がぐいぐい上がる時がある。

なぜか。

情報漏れだ。

インサイダーがらみの買いである。

企業の決算や様々な情報は、取引が行われている「場中」を避けて、場が終わった15時過ぎに発表される。

好材料で、株価にインパクトを与えるものであれば、夜中のＰＴＳ市場でストップ高となる。

翌営業日の市場にはこの流れが受け継がれて、大きな値上がりから始まることが多い。

ところが、である。

その好材料は、**なぜか15時前の株価に織り込み始めている**ことが少なくない。

情報社会。

データは、人間が扱っているので、誰かから漏れるのだろう。

断言はできない。

決定打はない。

しかし、株価と出来高がなぜか、大引け前に、織り込み始めている。

不思議だが、文句を言っても仕方がないので、この**異変をいち早く察知して、数秒の単位で確認して、入る**のがスマートだ。

ただし、騙しもある。

慌てて買ったら、何もなかったということも再々体験している。

だから、**買うにしても、欲を出さず、単位を少なくして１００株２００株の「打診買い」**にとどめた方が良いだろう。

リスクを取らないと株では勝てないが、リスクのコントロールも大切である。

鬼100則 84

8時59分の板で判断せよ

株式市場は朝の9時から、場が開かれる。

一斉に株価が動き出す。

上か、下かを予測するのは、前にも言ったとおり、朝の8時から始まる「寄り前の気配」である。

ところが、この板は、時々刻々と変わる。

朝の8時にふたを開けた板は、8時前に申し込まれた指値や成り行きの売買のデータだ。

しかし、ファンドや機関投資家、外人投資家は、材料やチャート、こうした板の模様を見て、行動を始める。

それも、寄り前の売買のバランスを見ながら、高値を追うか、撤退するか、慎重に決める。

ここに市場の戦いがある。

さらに、大口や仕手筋は、板に騙しの「見せ板」を出す。

この頻度は極めて高く、法に触れないのかと考えるほど、あからさまである。

だから、デイトレをするからには、寄り前の板の変化を朝の9時直前まで見なければならない。

スマホでトレードしていても同じだ。

9時に会社が始まる、サラリーマントレーダーは、忙しい。

そのタイミングに変化があるからだ。

できればそうした癖のある銘柄は、手掛けないか、外回りの人に限った方が得策だろう。

なぜなら、**「見せ板」は、8時59分というぎりぎりで、突然注文が消されることが多いからだ。**

「え？　何なんだ。さっきまでの買いは。売りは！」

寄り前に見せ板に騙されて仕込んでしまった人は、そう空を仰ぐだろう。

だから、異常な操作に気が付いたら、その銘柄の買いはあきらめる方が良い。

「ギャップアップ」と言われる「寄り付き高値」をつかむ失敗の多くは、寄り前の板に騙された人である。

くれぐれも用心が必要だ。

第10章

デイトレでも日足を読んでおく

チャンスをつかむ絶好の日は、今日である。
ジョン・C・マクスウェル

万人があきれ果てたる値が出れば、
高い安いの境なりけり。

日足の癖をつかんで向かう

デイトレは、その日一日の株価の変動で勝負するが、日足チャートで見ると銘柄により、「陽線が多い」「陰線が多い」など**値動きの癖**がある。

これを理解して臨むと、儲けの確率が上がる。

ここに挙げたミシン関連の銘柄は、マスク不足の背景から、株価は右肩上がりだ。

しかも、一つのリズムで動いている。

陽線をつけて、**勢い良く上げ**ていく過程があり、**ある程度上げると、足踏み**をする。

それが数日過ぎると、**再び上げる**。

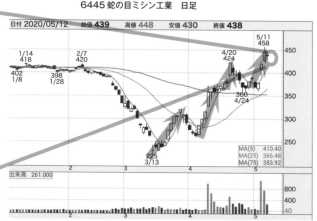

6445 蛇の目ミシン工業　日足

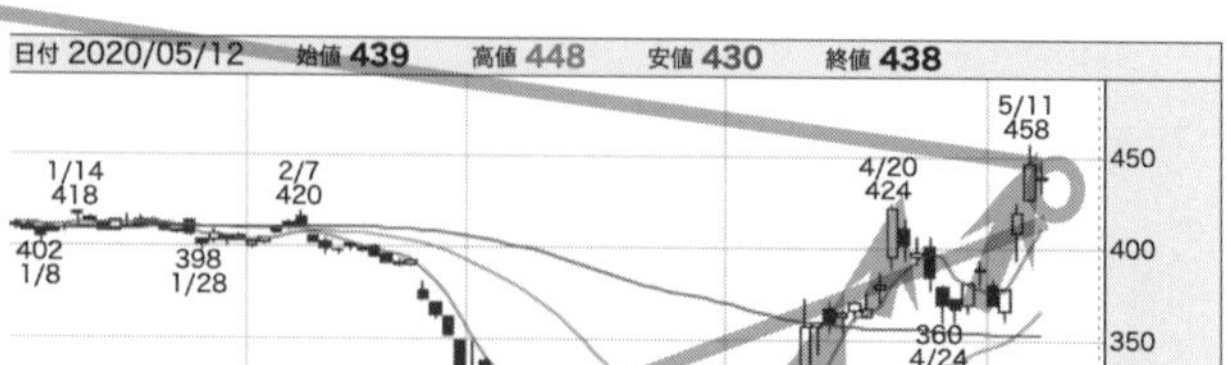

これは利益確定の売りをこなし、上値が軽くなった時点で再び上がるという現象だ。

こうした流れの中で、前日は足踏みしたからこの日は上げると予測し、前日までの値動きを見て指値していけば、利益を上げやすいというものだ。

それまで、あまり注目されなかったミシンだが、マスク不足の長期化でマスク作りが、自己防衛の手段として広がった。

このように、今までなかった材料や人気銘柄が現出して、トレードの対象になる。

株価とトレードは、その時の社会現象、消費行動、企業活動を反映している。

その流れをつかむのに、**日足の傾向が極めてわかりやすい銘柄は、仕掛けやすい**のだ。

6445 蛇の目ミシン工業

「株探」https://kabutan.jp

鬼100則 86

右肩上がりは美味しい

株価の動きは、その時の相場環境により、きれいな右肩上がりの銘柄は、おのずとわかる。

この原稿を書いている時点では、除菌に関する製品が全国のあらゆる人から必要とされている「社会現象」を背景にして、関連の製薬会社などの品物が売れ、安定的に株価も上がっている。

そのために、**株価は安定的に右肩上がりに推移**している。時折、押し目はあるが、ほとんどは「陽線の日足」である。

ということは、**毎日のトレードで、朝買って、上がったら売る**。

4912 ライオン　日足

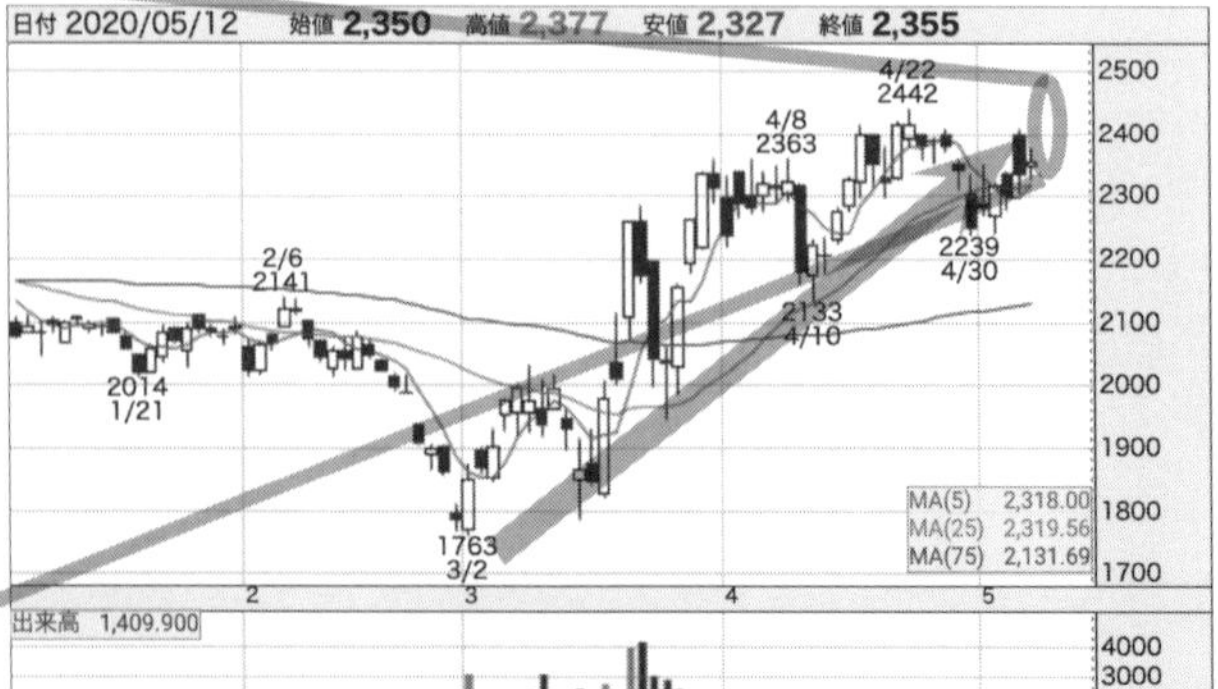

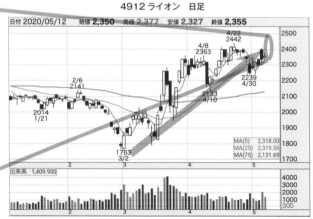

これをこの銘柄一本に絞り行うことで、極めて高い確率での成果が得られる。

連日、陽線なのだから、朝の株価よりも大引けの株価が高く、損のしようがない、というような理想的な足である。

万が一、買った後に大きな押し目があっても、やがて、株価は買値を超えてくる。

このような日足の特徴の銘柄は割合に多いので、選んでトレードしたい。

もちろん、チャートは過去の足跡であるから、絶対次も同じになるかと言えば、確証はない。しかし「株価の傾向」は、言わば癖だ。今後の動きのヒントになる。

株価の癖、日足の特徴を読んで、効率の良いトレードをしたい。

4912 ライオン

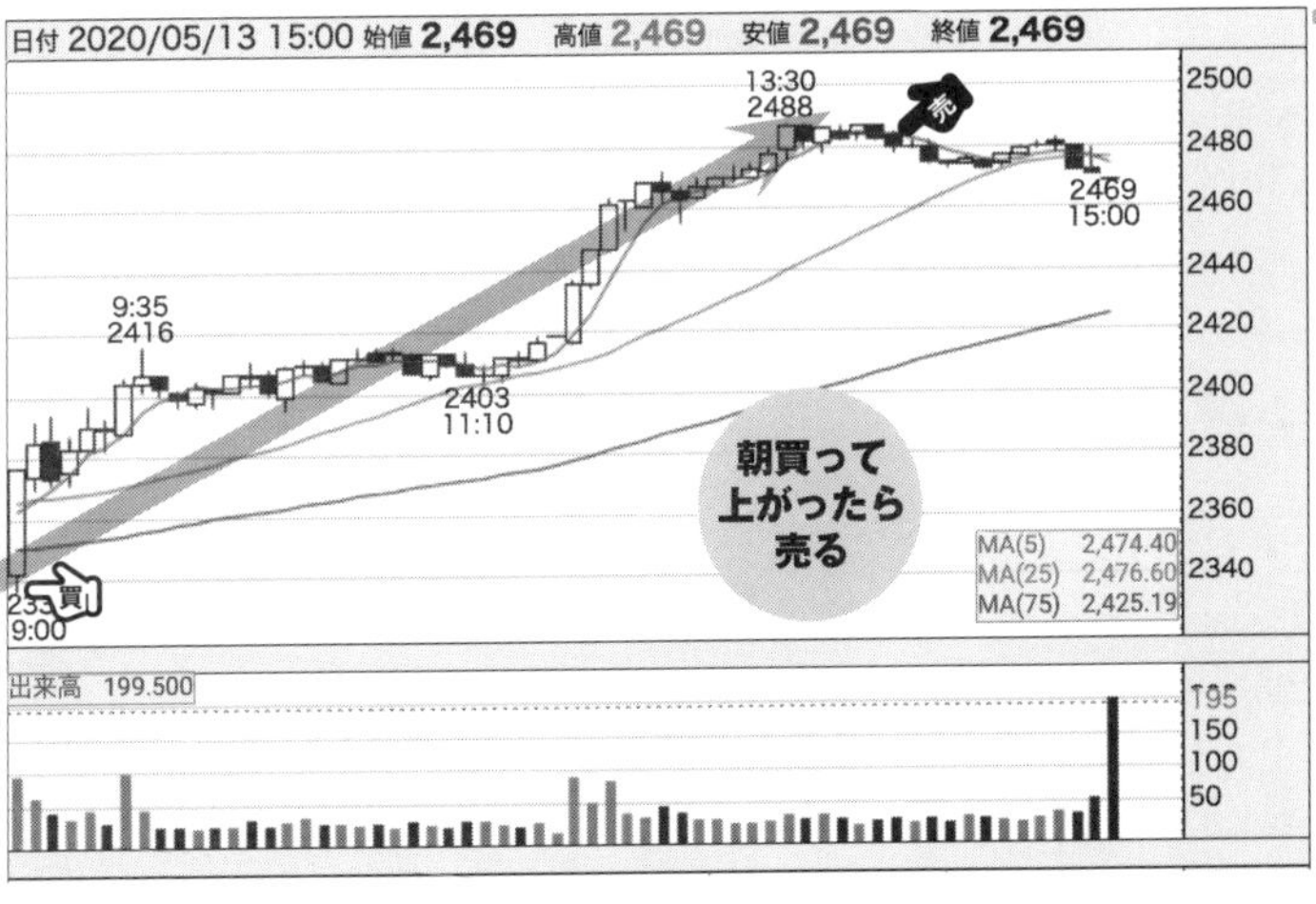

「株探」https://kabutan.jp

鬼100則 87

陽線が続く銘柄の癖を活用せよ

その時のトレンドで、右肩上がりの銘柄でも、日足では様々な癖がある。

これは、銘柄特有の強弱感から来たものだ。

失敗の少ないデイトレをするには、**日足チャートで右肩上がりで、「陽線の多い銘柄」を選ぶと間違いがない。**

ここに挙げた銘柄は、外出自粛・巣籠もりでネット通販が増えた恩恵をダイレクトに受ける運送関連だ。

目立った銘柄ではないが、日足チャートを見ると

9090 丸和運輸機関　日足

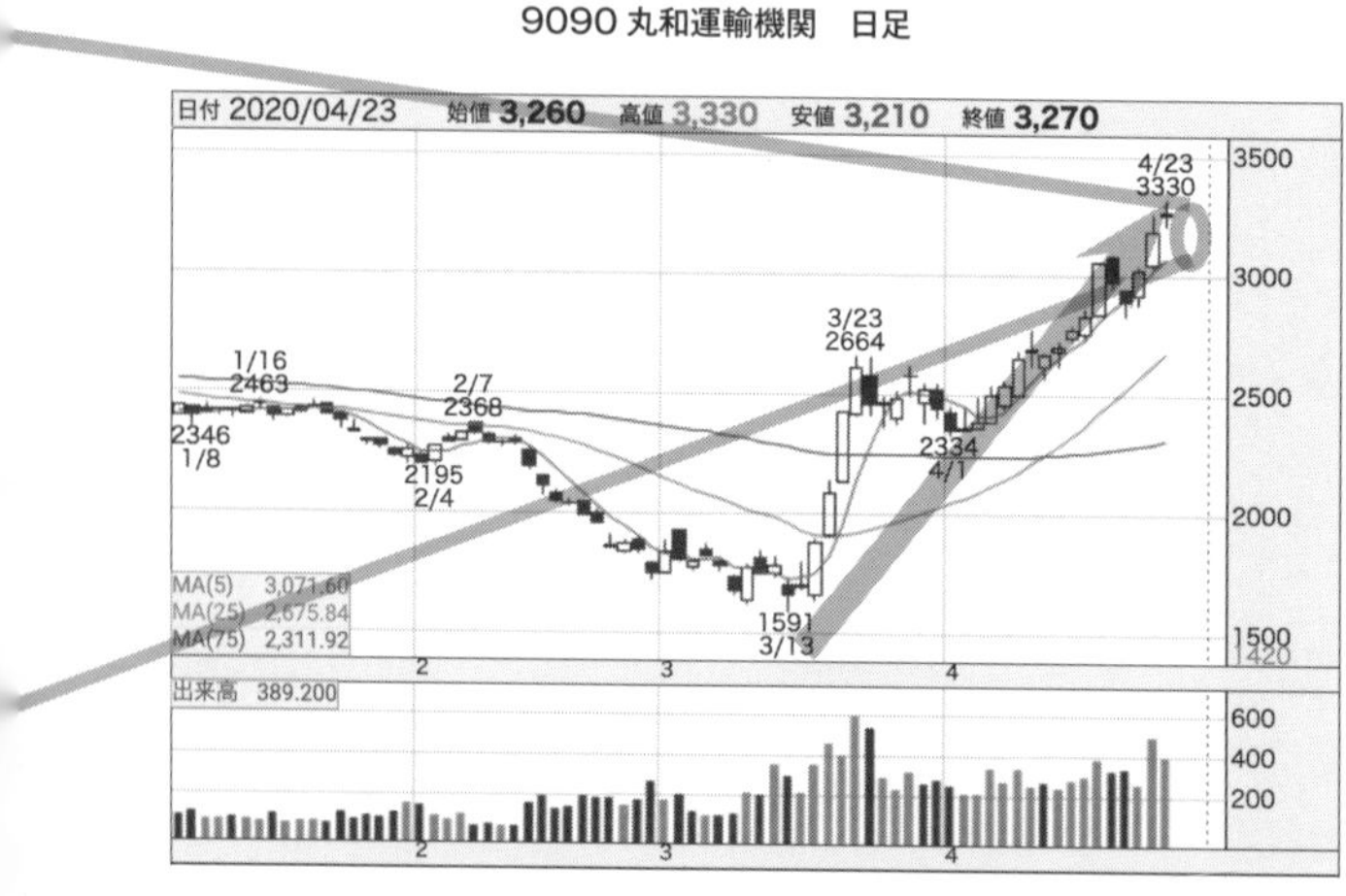

年初来高値をつけて、上値圧迫のない「青天井型」の動き。

上げの動きを見ると、ほとんどが「陽線」である。陽線は、ご存じのように「始値よりも終値が高い」とできる形である。

もちろん、日中は多少の上げ下げはあるが、始値よりも高く終わる可能性が極めて高いので、デイトレの成功率が上がる。

ただし、その上げ幅は、日により異なる。そこそこの利幅で確定した方が良いだろう。日足を見ても、初押しの後の「大陽線」は少ないので、**小幅でのデイトレが前提**となる。

9090 丸和運輸機関

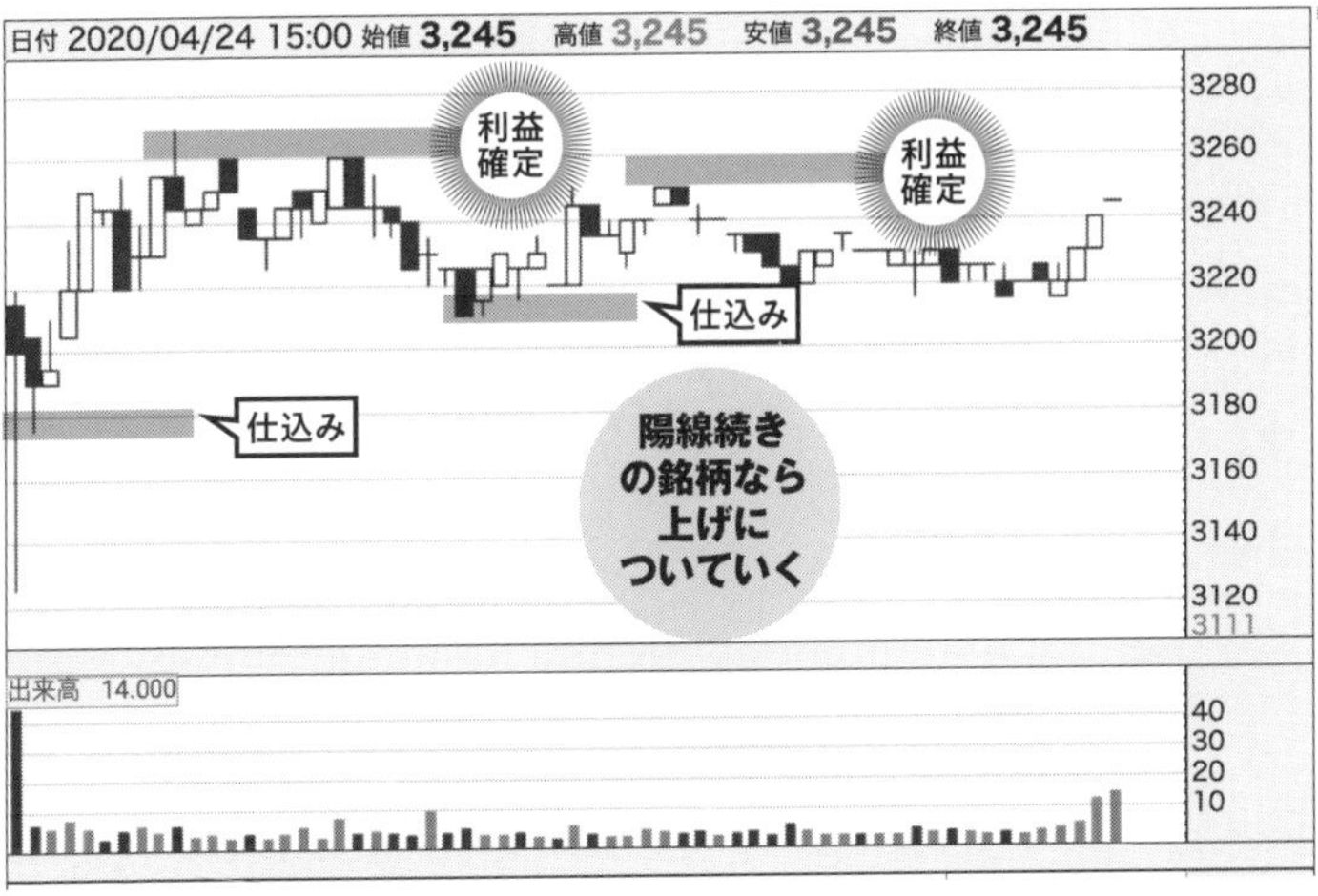

陰陽の交互の足も活用する

同じ右肩上がりでも、日足を見ると、陰線と陽線が交互と言うか、入り乱れている銘柄もある。

この手の銘柄は、**油断して入ると、マイナスになる可能性**もある。

ローソク足、板の動きをしっかり見て売買したい。

例えば、ここに挙げた日足は、**2日おきに陰線が入る**リズムが特徴的だ。

その癖をつかみ、「今日は入る」「今日は様子見」と判断して、デイトレに臨むのが、成功率UPの秘訣となる。

9057 遠州トラック　日足

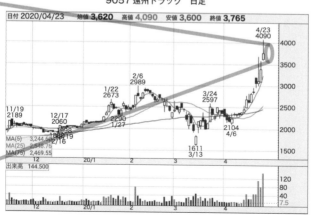

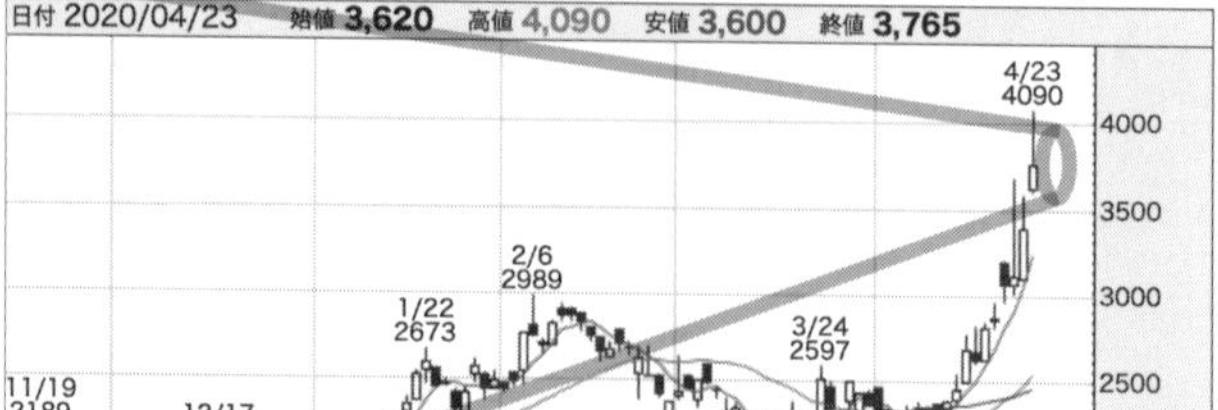

この日も、前日は窓を開けて上げ、朝一は辛うじて陽線を形成したが、三羽ガラスの出現となった。様子見が吉だ。

もちろん、永久に同じ流れがくる保証はない。とはいえ、押す可能性が極めて高いことを踏まえて売買した方が良い足である。

そのことをわきまえ、損と儲けの繰り返しのトレードから脱却しよう。

トレードは、確率の勝負だ。

少しでも勝率の高い相場環境で戦うことが望ましい。

同じ株価でも、それぞれ変動の癖がある。その癖を知り尽くしてトレードに活用するのが「勝利の手立て」である。

9057 遠州トラック

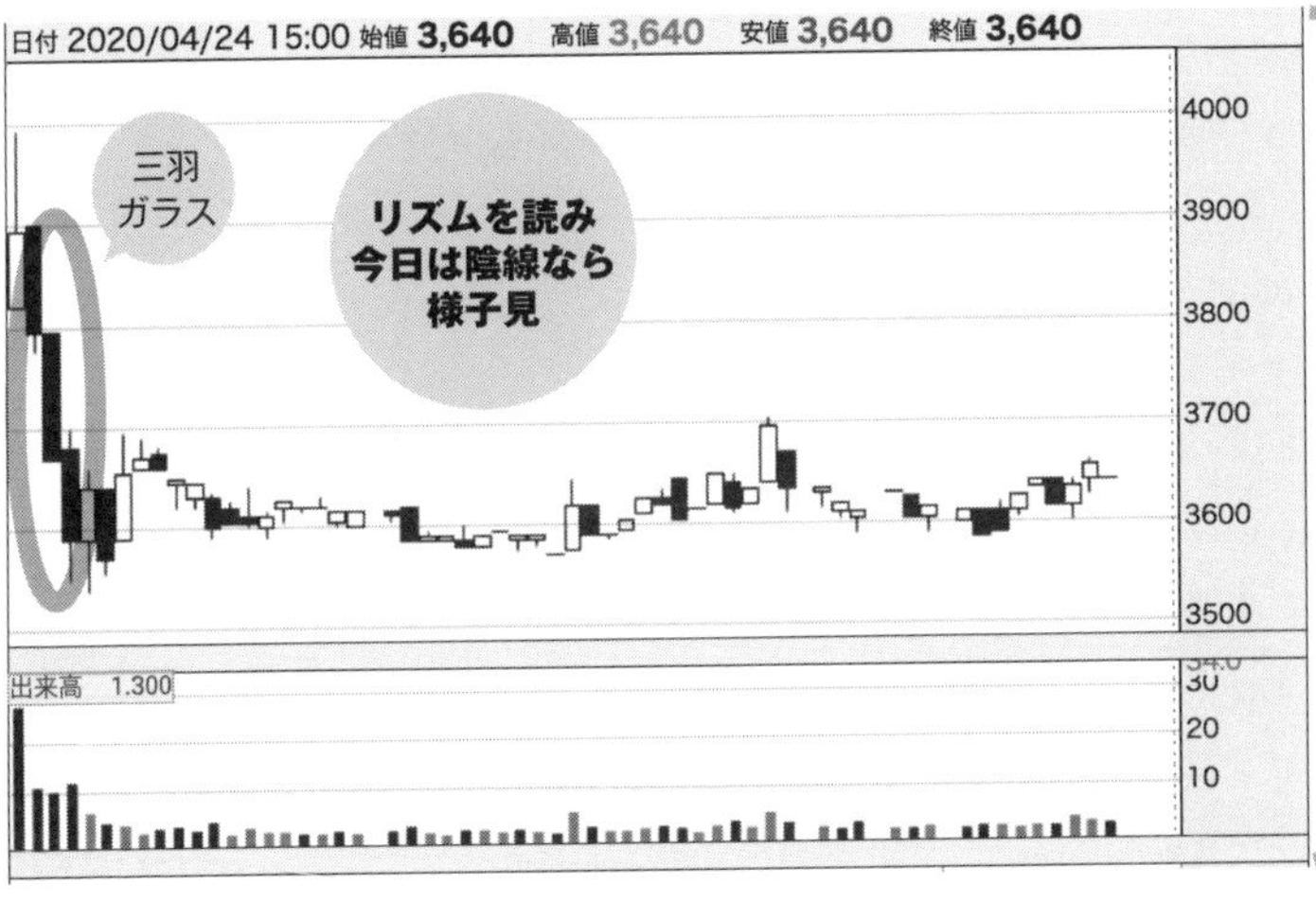

鬼100則 89

下降トレンドのチャンスは少ない

日足で下降トレンドの銘柄は、陽線よりも陰線が多いのが普通である。

ということは、朝高く、大引けに弱いトレンドになる。

たまに陽線が出て、朝は弱いが大引けは上がったという動きはあるが、下げの方が確率が高い。

こうした銘柄でのデイトレは、よほどの材料がなければ、やめた方が賢明である。

ここに挙げたのは金融関係だが、日足のチャートを見ても、日経平均のトレンドに比べて、さらに弱

8304 あおぞら銀行　日足

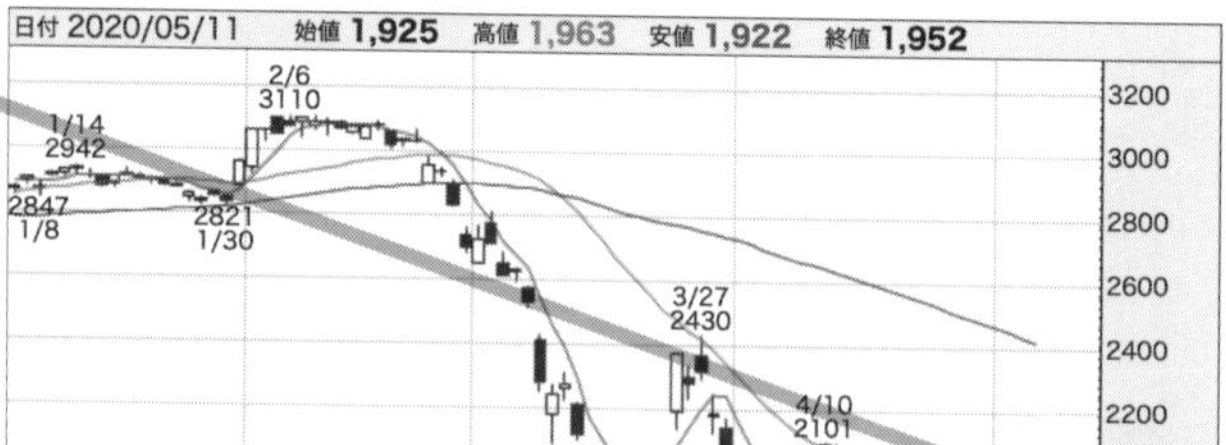

い動きだ。

全体相場は、急落から若干回復しているにもかかわらず、株価の動きが良くないのだから、よほどの材料がないと旨味がない。

5分足チャートでも、朝一の大陰線から連続で陰線が出現した。

デイトレ対象外だ。

ただ、株価回復の遅い銘柄は、ファンドなどが、ファンダメンタルズ面から「割安」と判断して、戻り歩調の局面で手掛けてくることもある。

全く無視もできないが、しばらくは様子見が良いだろう。

8304 あおぞら銀行

鬼100則 90

持ち合い相場での上げを狙う

株式投資では、勝利の確率を最大にすることがすなわち成功の最大のカギである。

その意味では、一定レンジでの「往来の動き」は美味しい。

ここに挙げた製薬会社は、底値をつけた後に立ち上がるが、7000円と8000円のレンジで動いている。

もちろん、この先どうなるか、完全な予測はできないが、**持ち合いのトレンドの中で下値に届いた段階では、仕込んでも失敗が少ない。**

それなりの材料も内包しているので、押し目では

4523 エーザイ　日足

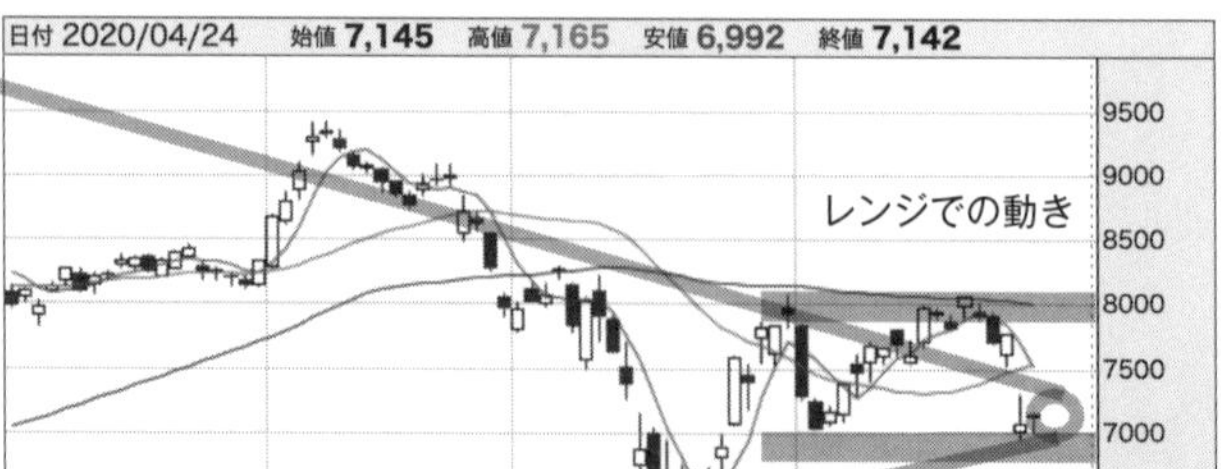

何らかの材料を持ち出して買われ、後講釈が行われる可能性は十分にある。

この株価の変動は自然なものではなく、何処かの筋が「仕込む・上げる」操作を行い、それにほかの勢力が追随する動きになっていると読める。

だから、**「レンジ持ち合い」のチャートの仕掛けには、格好の銘柄**と言える。

このような「仕掛け筋」の都合を読んで、資金を注ぎ込めば、大きな失敗が少ないだろう。

株の世界は、戦略を読み取り、先に乗ったものが勝つ。

往来相場がデイトレでうまく活用できるのは、大きく上げることもないが「レンジの動き」で上値、下値がわかりやすく、大きな失敗がないためだ。

4523 エーザイ

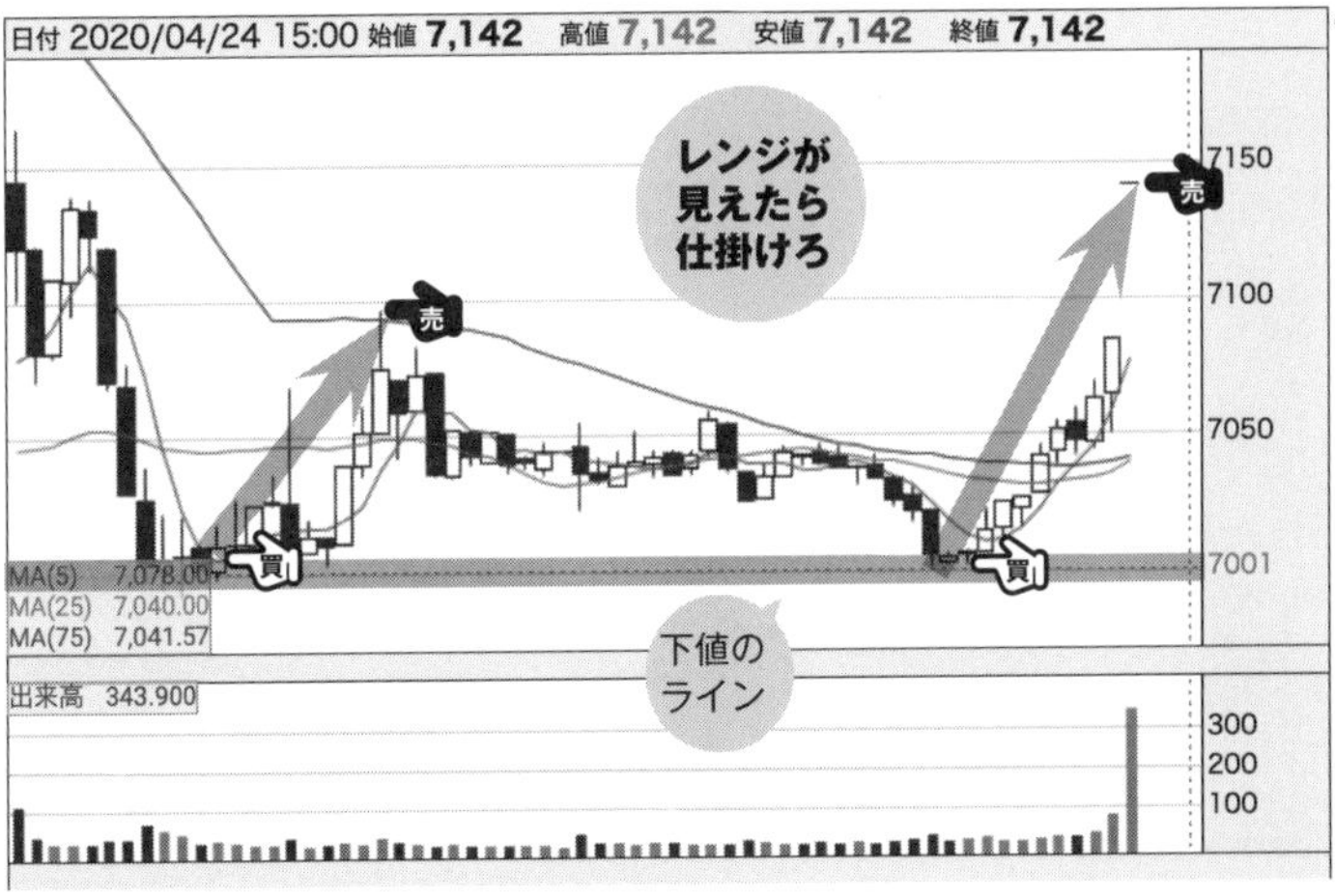

鬼100則 91

株価低迷でのデイトレは勝率悪い

そもそものことを言ってしまえば、デイトレを行う環境は、全体相場が強い時の方が、効率が良い。

それでも急落急騰相場の時に勝ちたいならば、**右肩上がり、時代性のある銘柄に絞る**ことだ。

もっとも、下げに対して「売り建て」で勝負する方法もある。

大手の証券筋では、「空売りの仕掛け」で、株価を売り崩して、稼ぐ方法が目立つ。

しかし、空売りは「踏み上げ」の大きな損の可能性、リスクがあるので、普段「順張り」の上げトレンドで勝負している脳では、なかなか挑戦しづらい

8801 三井不動産　日足

し、間違うことも少なくはない。

ここに挙げた不動産関連は、業績動向は悪くはないが、所詮はコロナ以前の見方である。外出自粛が終わっても、テレワークが重視され、不況、倒産などの多い環境では、事務所を広げる、マンションを買うという環境にはない。

業界により、タイミング的に、追い風が吹いている企業もあるし、逆に向かい風の会社もある。この動向を判断して、「これから業績がどうなるか」をしっかり見極めて、投資の対象にすることが大切である。

時代や経済環境の変化により、企業を取り巻く環境は大きく分かれる。上げる可能性よりも下げる可能性の多い銘柄には、短期でも手を出さない方が賢明である。

8801 三井不動産

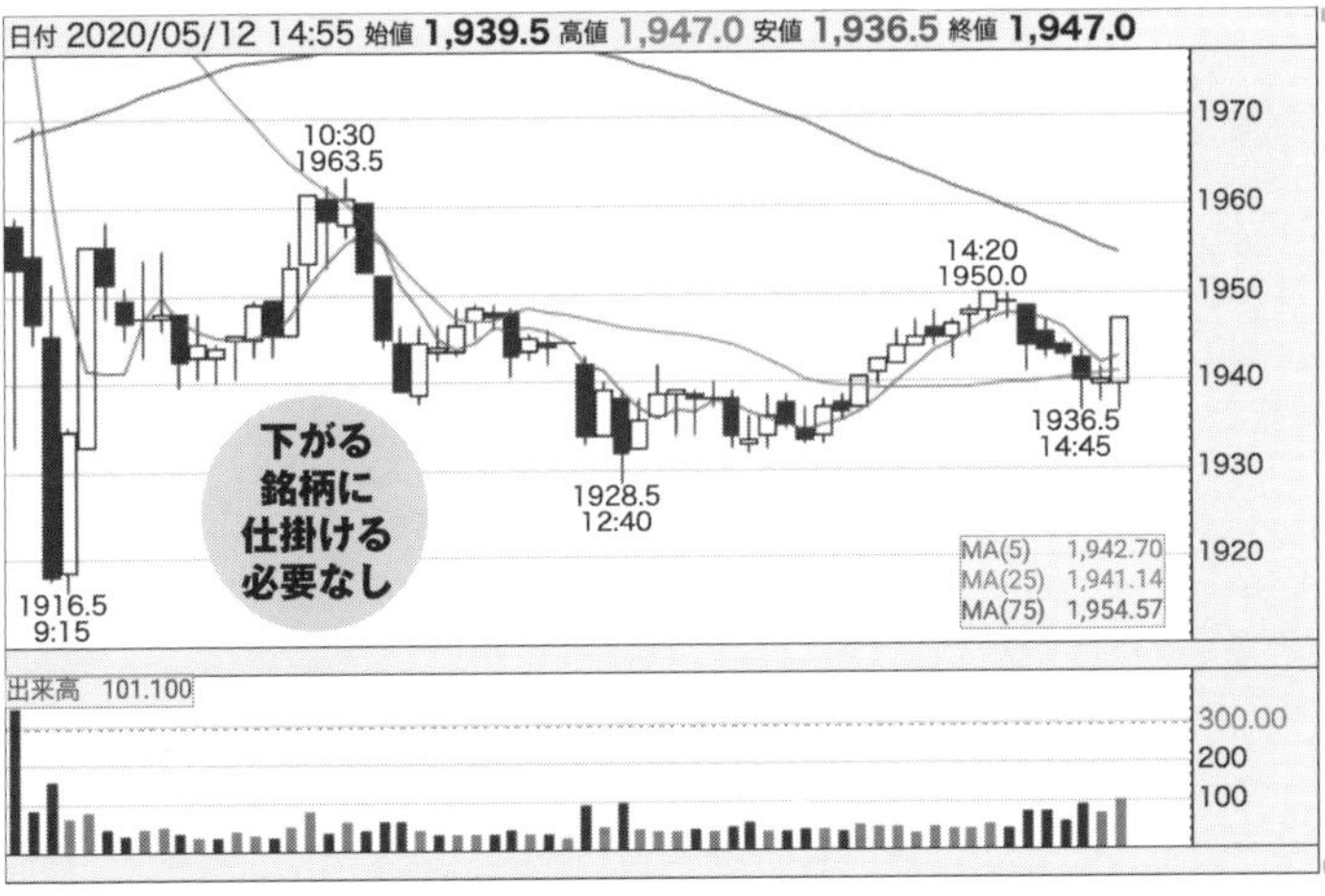

「株探」https://kabutan.jp

10年チャートも読んでおく

デイトレに、「なぜ、10年チャートが必要なのか」という疑問があるかもしれない。

しかし、株価には一つの方向がある。

長い目で見て、上げ調子の銘柄は日々の株価にもその勢いが出る。

「この銘柄はトレンドである」と見ている人が多ければ、売りよりも買いの方が強くなる。

いかに目の前の上げ下げでトレードをしていても、基本的に「この会社は伸びる。時代性がある」と見られていれば、下げてもたかが知れている。

だから、トレードしていて、「押し目」があって

6096 レアジョブ　月足

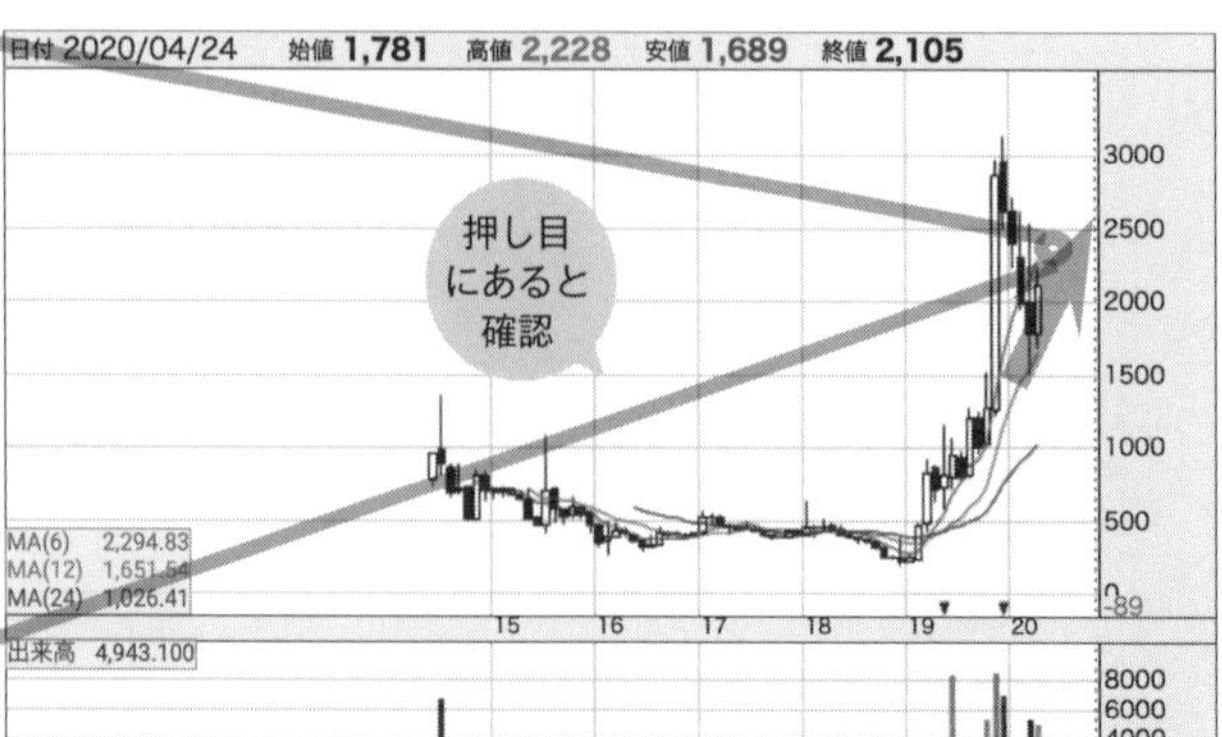

も驚かない。自信を背景にトレードができるメリットがある。

もちろん、10年チャートで目の前の動きが読めるわけではないが、**「長い目での見方」は、売買の安定剤になる**。

株式の売買では、「失敗するのではないか」という不安に常に苛まれる。

その不安が、ぎりぎりの時に、耐えられない精神的なダメージになりやすい。

その不安を薄れさせるのが「10年チャートの後押し」の役目なのである。

使えるものなら何でも、有利なものを活用すればよいのだ。

ここに挙げたネット英会話関連のチャートは、まさに、時代が到来したことを示している。

6096 レアジョブ

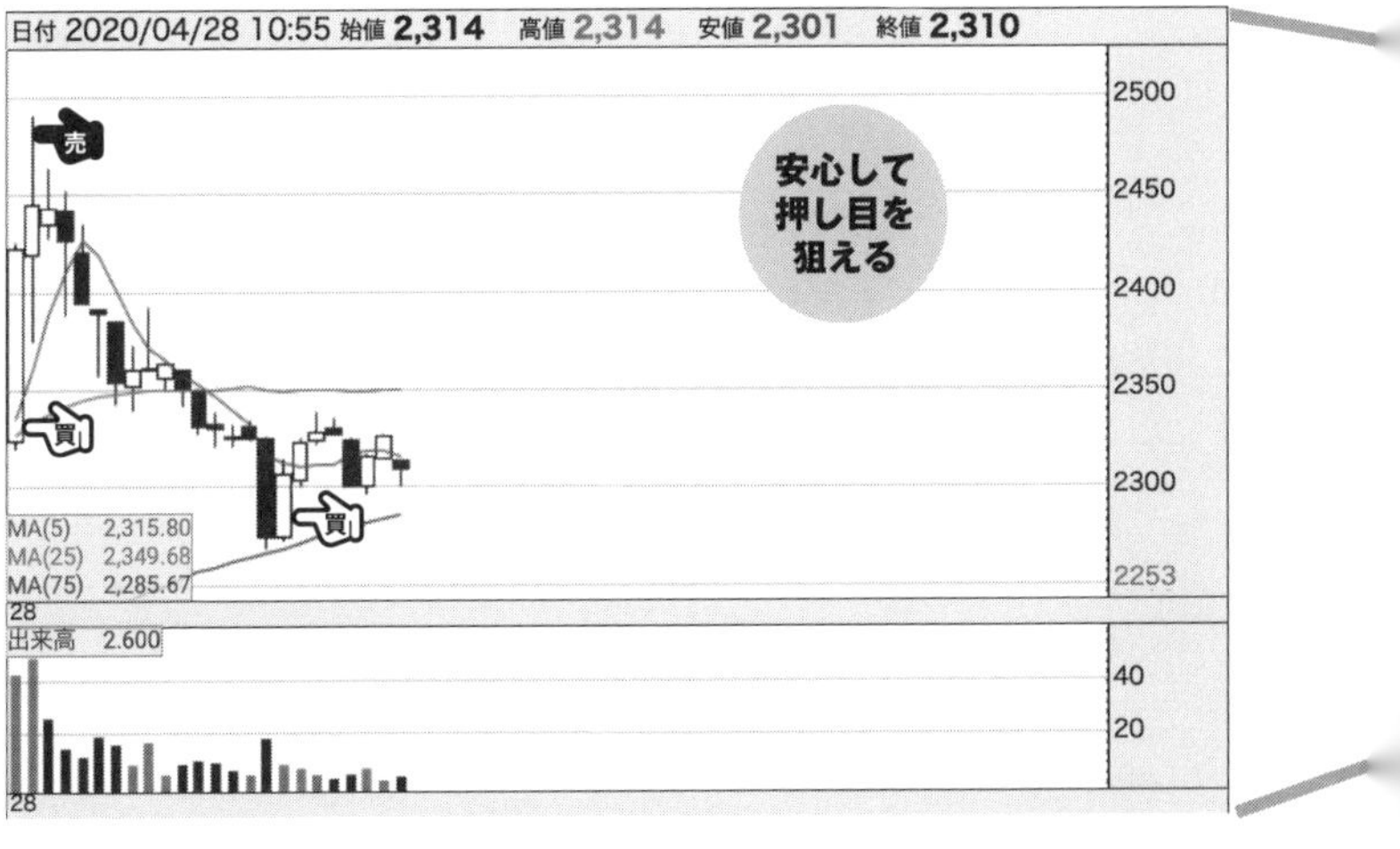

「株探」https://kabutan.jp

鬼100則 93

週足、月足でトレンドの癖を読む

5分足、日足というのは、「超短期」の動きである。それに対して月足、週足の動きは、超短期の動きを相殺して、緩やかな流れ、株価の方向を示すので、**超短期の動きで驚いたり、マイナス思考にならないで済む。**

特に、週足は、日々動く株価を均して、一つの方向を示している。

「今がだめでも、先は明るい」というようなブレない姿勢で臨む効果がある。

5分足は、NY株価に完全に連動しやすく、朝の株価の位置にまで影響する。

2702 日本マクドナルドホールディングス　月足

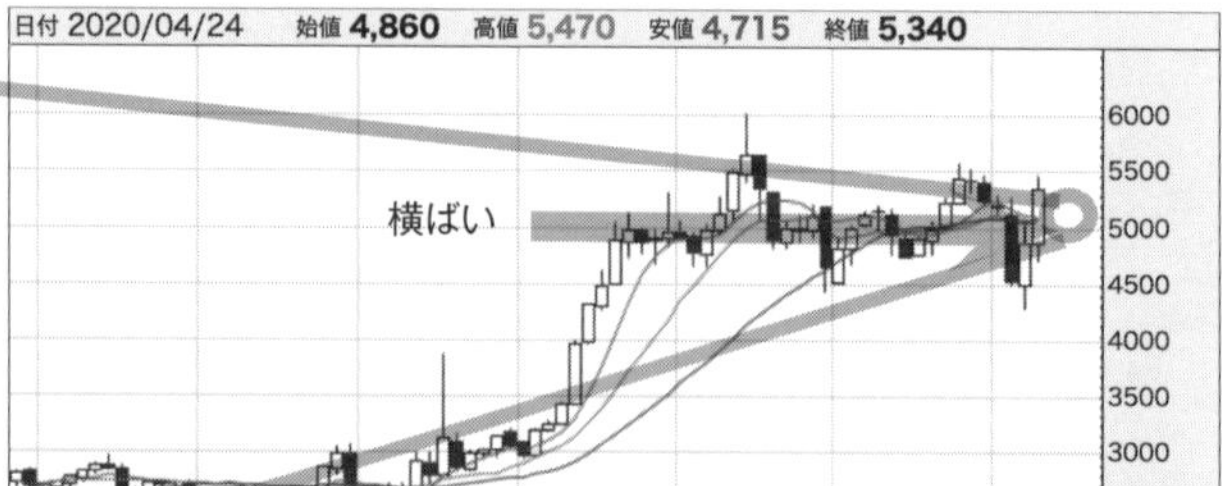

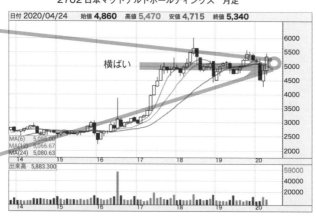

例えば、ダウが下げた朝は、弱く始まることが多い。

しかし、週足のトレンドが上であるならば、その目先の動きに惑わされずに、落ち着いた考えで臨める。

ここに挙げた銘柄は、月足では「横這い」。でも、週足では確実に下値からの反発場面だ。

この傾向は、日足でさらに鮮明に出る。

週足の、ある程度長いスパンで確実に上値を追っていれば、日々の動きやその日の動きに多少のブレがあっても、心配する必要がなくなる。

落ち着いたトレードができるだろう。

2702 日本マクドナルドホールディングス　週足

「株探」https://kabutan.jp

オーバーナイトも日足次第で

その銘柄が、極めて新しい傾向からの人気がある時でも、日々の動きでは、「利益確定の売り」が強く出て、その日のうちに手じまいするチャンスさえない場合がある。

５分足の予測は完全にはできないので、せっかく入っても、「含み損」のままで一日が終わることはあるだろう。

長くトレードしていれば、そのようなことはいくらでもある。

この場合は、**トレンドが完全に上で、人気化している傾向にあるならば、「オーバーナイト」するのも手**である。

2587　サントリー食品インターナショナル　日足

一晩や2・3日持ち越して、利益確定のチャンスをものにする。

このくらいの気持ちの余裕があると良い。

デイトレだから、「絶対に持ち越さない」と決めてしまうと、イライラが高じたり、挽回のチャンスを自ら捨てる結果になる。

もちろん、持ち越しがすべて成功するとは限らないが、トレンドが極めてはっきりした右肩上がりならば、慌てて処分するいわれはない。

気持ちの余裕を持ったトレードが時には必要なのである。

デイトレであっても、**頭の中には日足、週足をインプットして売買する冷静さ**が必要であり、**俯瞰することでうまくいく**のだ。

2587　サントリー食品インターナショナル

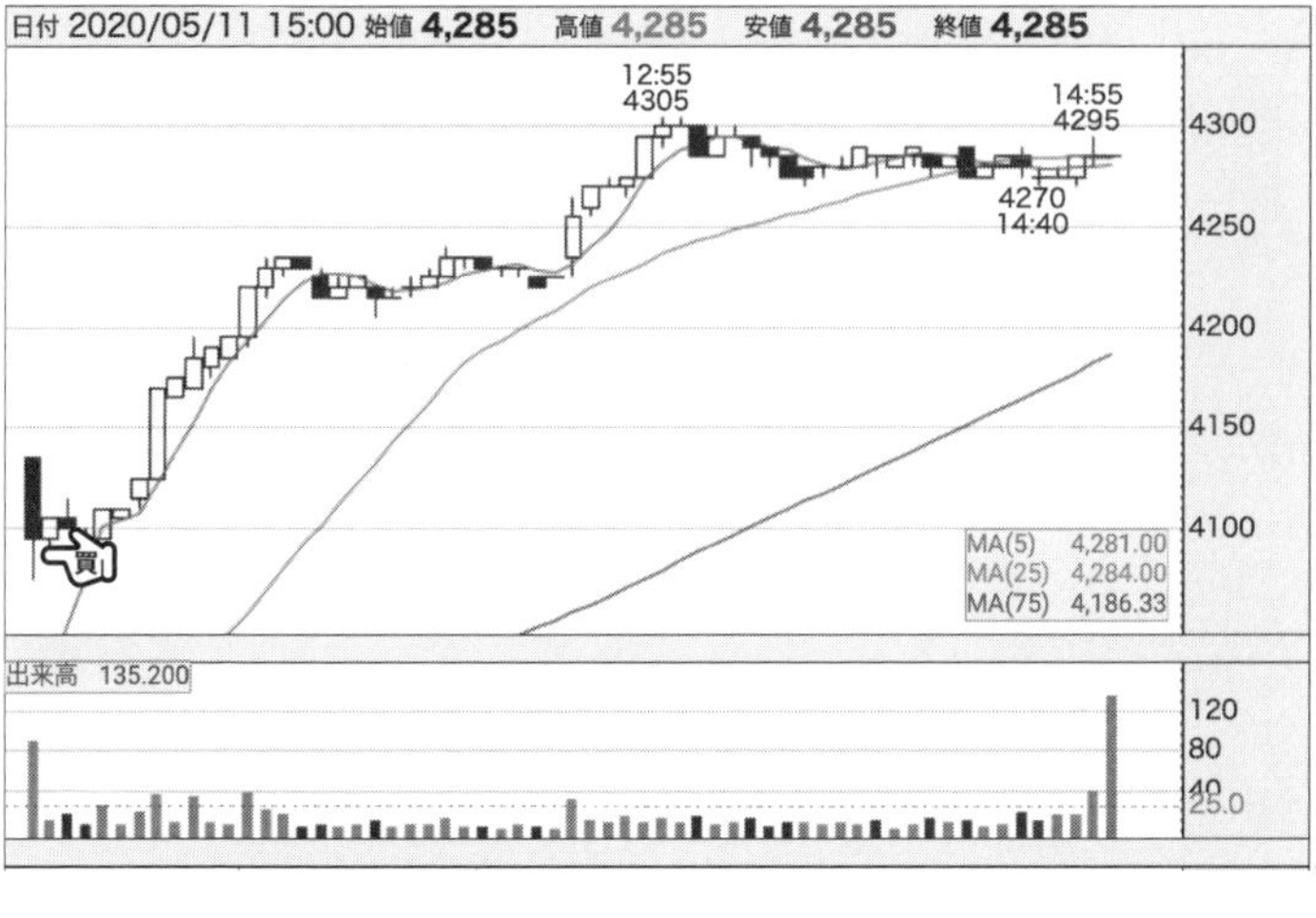

「株探」https://kabutan.jp

終章

スイングも活用して値幅を取る

何事も成し遂げられるまでは
不可能に思えるものである。

ネルソン・マンデラ

チャンスは、苦境の最中にある。

アルベルト・アインシュタイン

鬼100則 95

スイングを成功させ、儲けを一桁増やす

デイトレードのメリットは「持ち越さない」で「翌日のリスクを回避する」ということだ。

そのために、逆指値で損切り・手じまいをセットしながら、できるだけ安値で仕込む。

少ない利幅をロット勝負で、稼ぐ。

このスタイルがほとんどである。

先行きの有望とか、業績好転などのテクニカル、ファンダメンタルズの情報はさして必要ない。

しかしデイトレをメインにしつつ、株価のトレンドによっては、日足での上げトレンドをうまく活用するスイングトレードにすると儲けの桁が変わる。

3436 SUMCO　週足

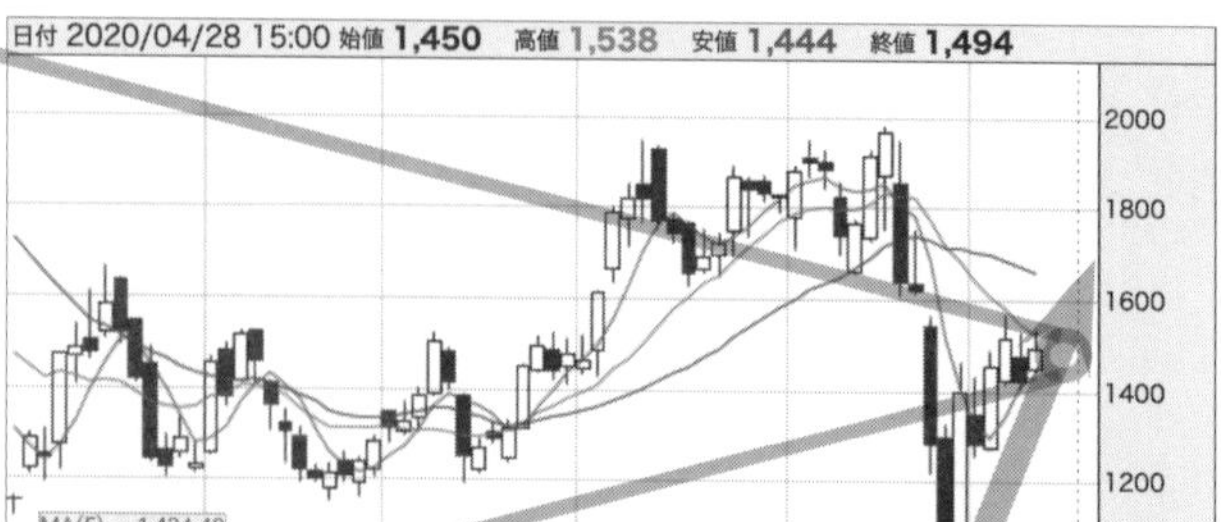

株価の動きには材料がある。

チャートが右肩上がりであるならば、**上値での方向転換があるまでは、しっかり値幅を稼ぐ**のが、望ましい。

日銭で稼ぐか、リスクはあっても、ある程度の期間をとり、利幅を取っていくか。

どちらの方法を選ぶかの問題だ。

一般的には、デイトレだけではなく、相場環境により、スイングや中期も視野に入れ、できるだけ利益を積み重ねられるように、臨機応変に対応するのが、多いだろう。

本書ではデイトレを中心に解説しているが、スイングや中期の投資、売買を否定するものではない。**賢く、デイトレ、スイングを交えて、「勝つ投資」をやってもらいたい。**

3436 SUMCO　日足

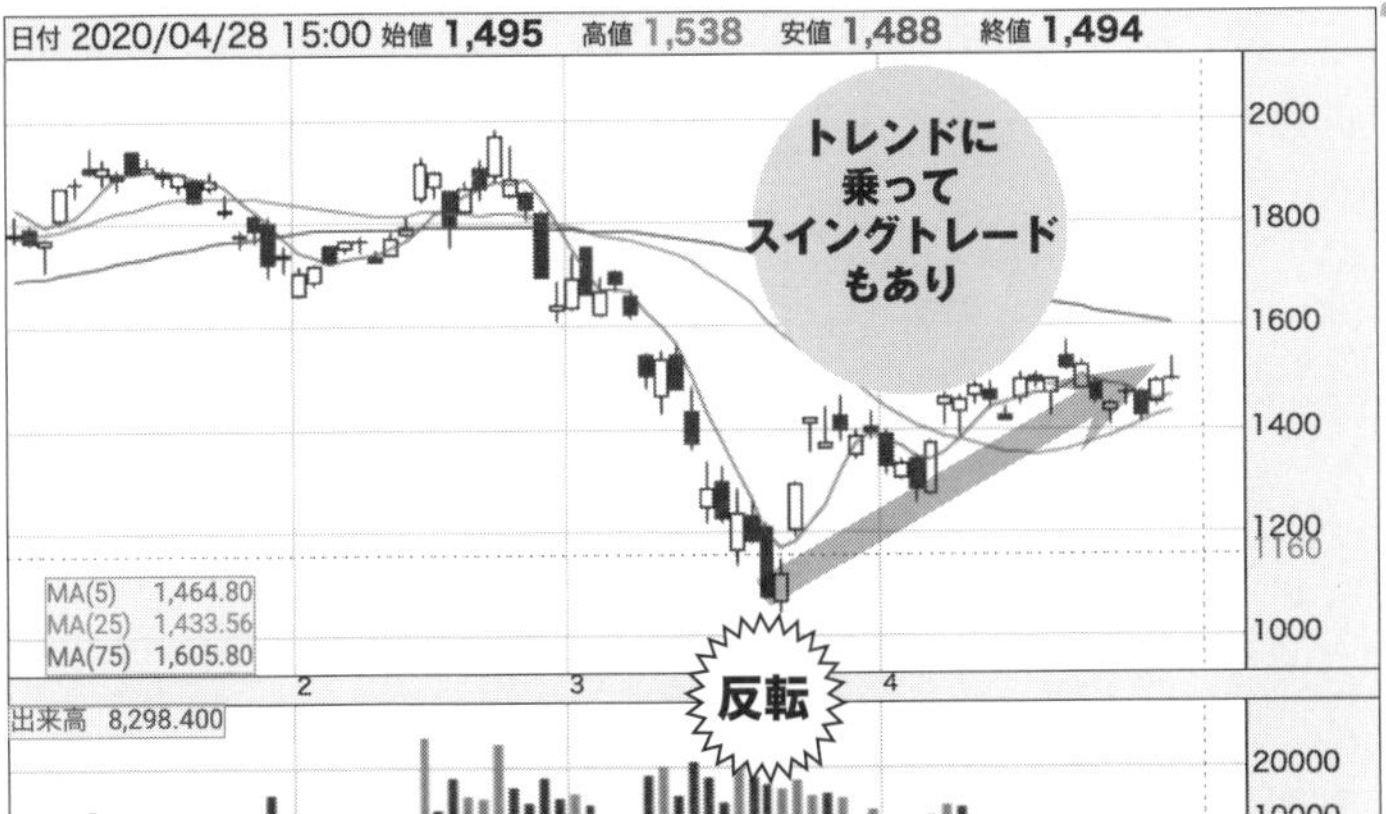

鬼100則 96

大底をつけた優良銘柄はスイングへ移行

銘柄により、下げトレンドから、上げトレンドに転換したタイミングでは、その方向についていくのが賢明だ。

ＮＹ株価や日経平均株価は長期的な上げトレンド、下げトレンドがある。

これが、明確に下げトレンドから**上げトレンドに転換した状況では、優良銘柄、業績好調銘柄に資金を振り向けて、スイングで勝負するのが良い。**

悪材料出尽くし、業績好転が見える段階では、大口の資金は底値を付けた銘柄を仕込み始める。

しばらくして、株価の反発や上げが鮮明になった

3689 イグニス　日足

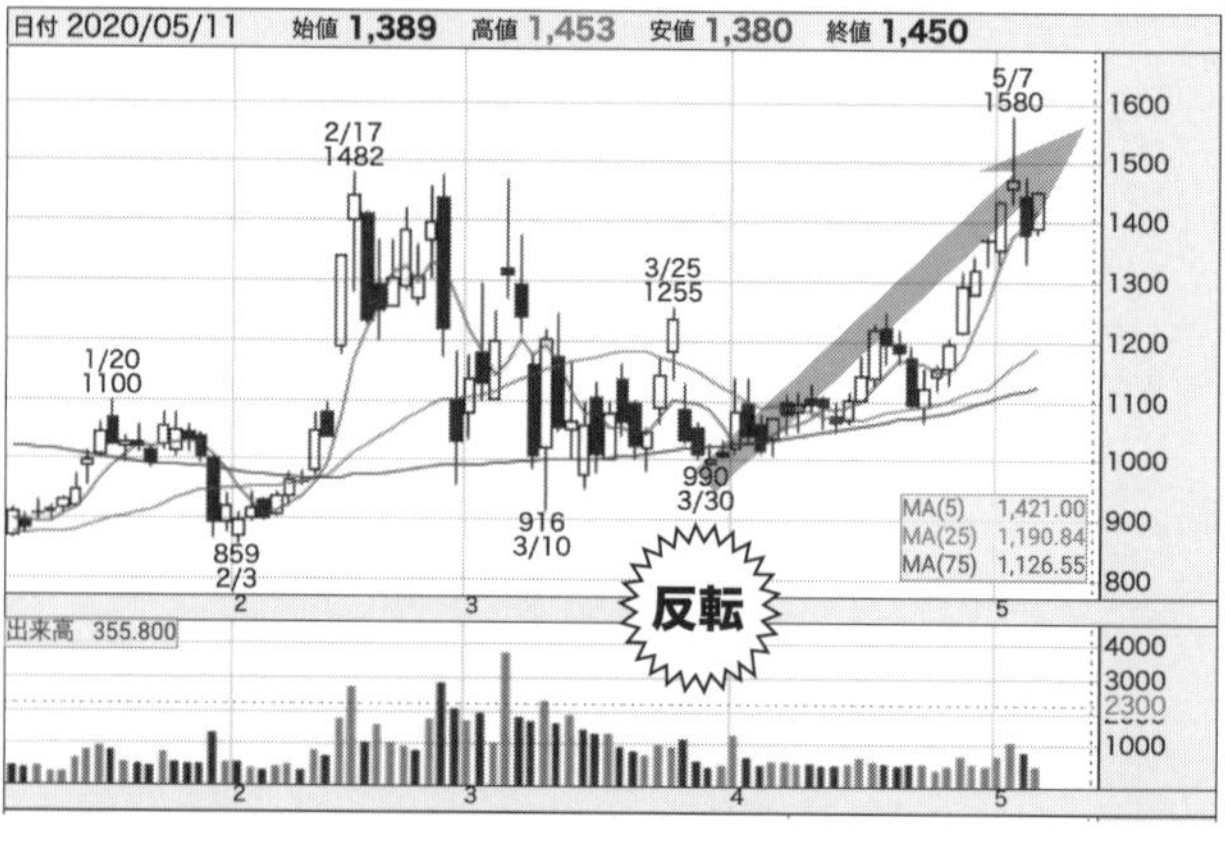

段階で、個人投資家や広く投資を目指す人たちのお金が集まる。

その「絶好調」の段階では、既に仕込んだファンドは利益確定の方向に出てくる。

デイトレで十分に市場を見る目を養ったあなたに、その動きは手に取るように見えてくることだろう。

株価の売買動向では、プロが仕込み、その後、個人投資家が買う。

個人投資家はプロの利益確定に付き合う。

この構図は、いつの時点でも、変わらない。

大切なのは、最初に買って、大勢の人が買うタイミングを待つスタイルの投資をすることだ。

6963ローム　日足

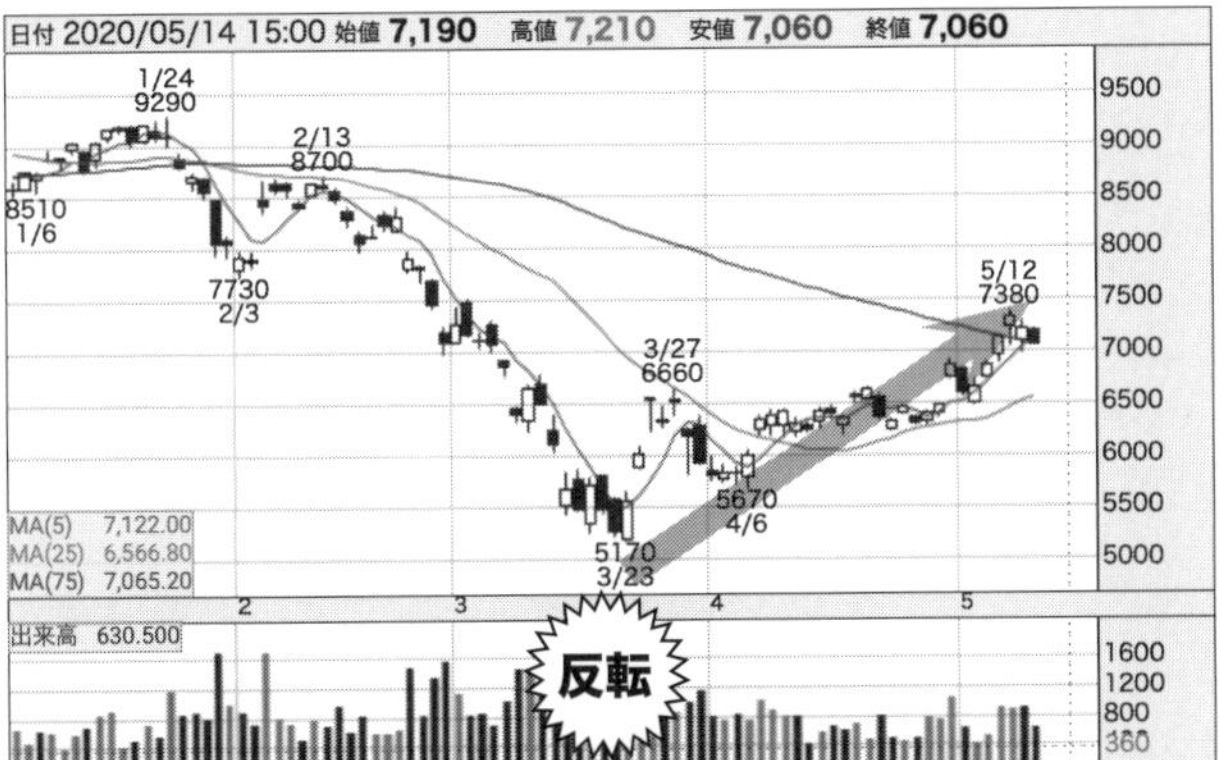

「株探」https://kabutan.jp

鬼100則 97

兼業投資家はスイング主体で

「デイトレはリスクが少ない」

そうは言っても、家で一日中モニタにかじりついてトレードする環境にはなかなかないだろう。

在宅勤務のおかげでコソコソせずコンピュータの前でトレードできるのも、時間の問題だ。

もっとも、専業主婦でもサラリーマンでも手が空いた時点で、スマホで株価をチラ見することは可能だし、スマホアプリで簡単に売買はできる。

しかし、**株取引は時々刻々と変わる株価に対応してこそ着実な利益を積み重ねられる。**

常に、臨戦態勢が望まれるのだ。

6723 ルネサスエレクトロニクス　日足

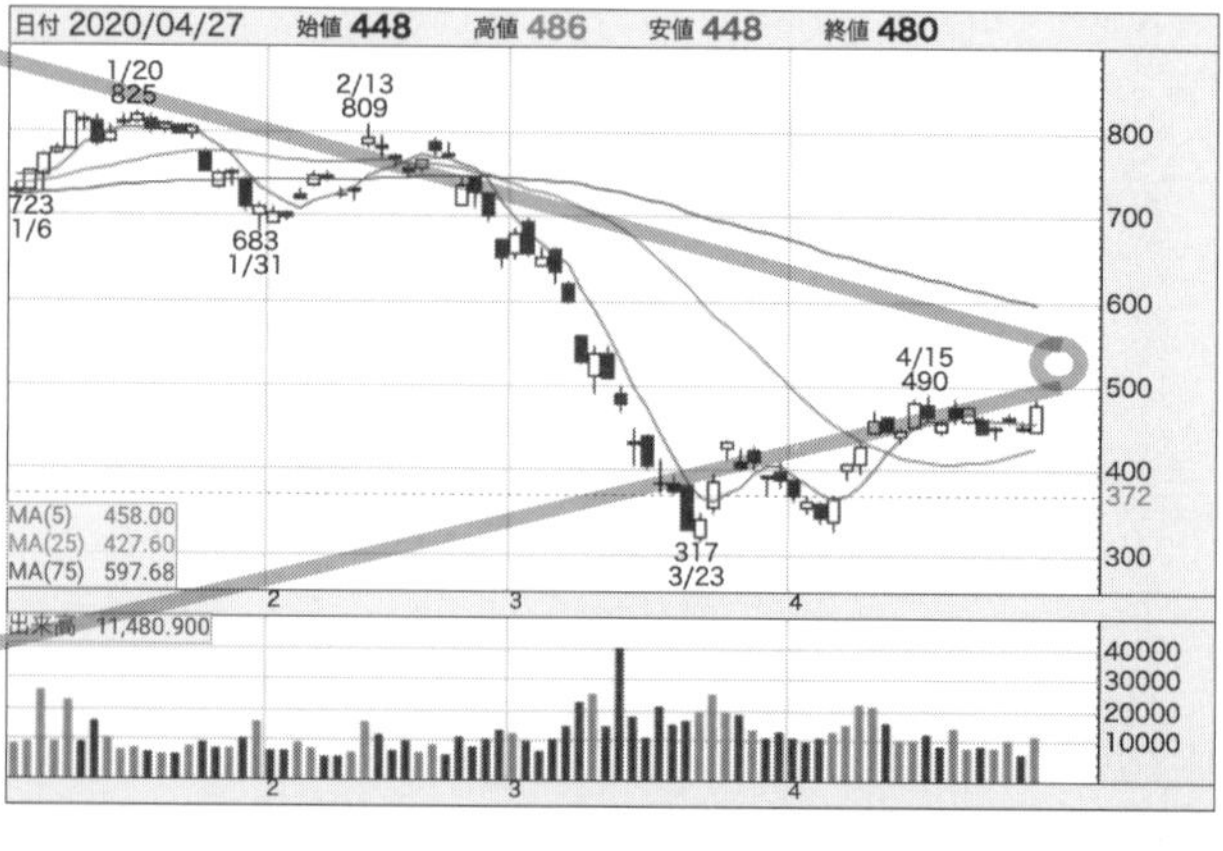

それでは兼業の人はどうするか。

日中に板を見ないことを前提にして、その立場で勝てる方法を選ぶしかない。

その不利な立場で投資に挑むならば、最初から、**時々刻々の値動きは気にしない**ことだ。

大局で、上げの方向ならば良い。

この考え方に立った方が、安定的にトレンド勝負で売買に挑める。

多少の上げ下げはあっても、**日足、週足で上げトレンドの始まりを見る**。

業績好転銘柄、材料満載銘柄。

これらを選ぶことが大切である。

大きく上げた後ではなく、「初動に乗る」。

この目ざといやり方が投資の成功を生むのだ。

6723 ルネサスエレクトロニクス

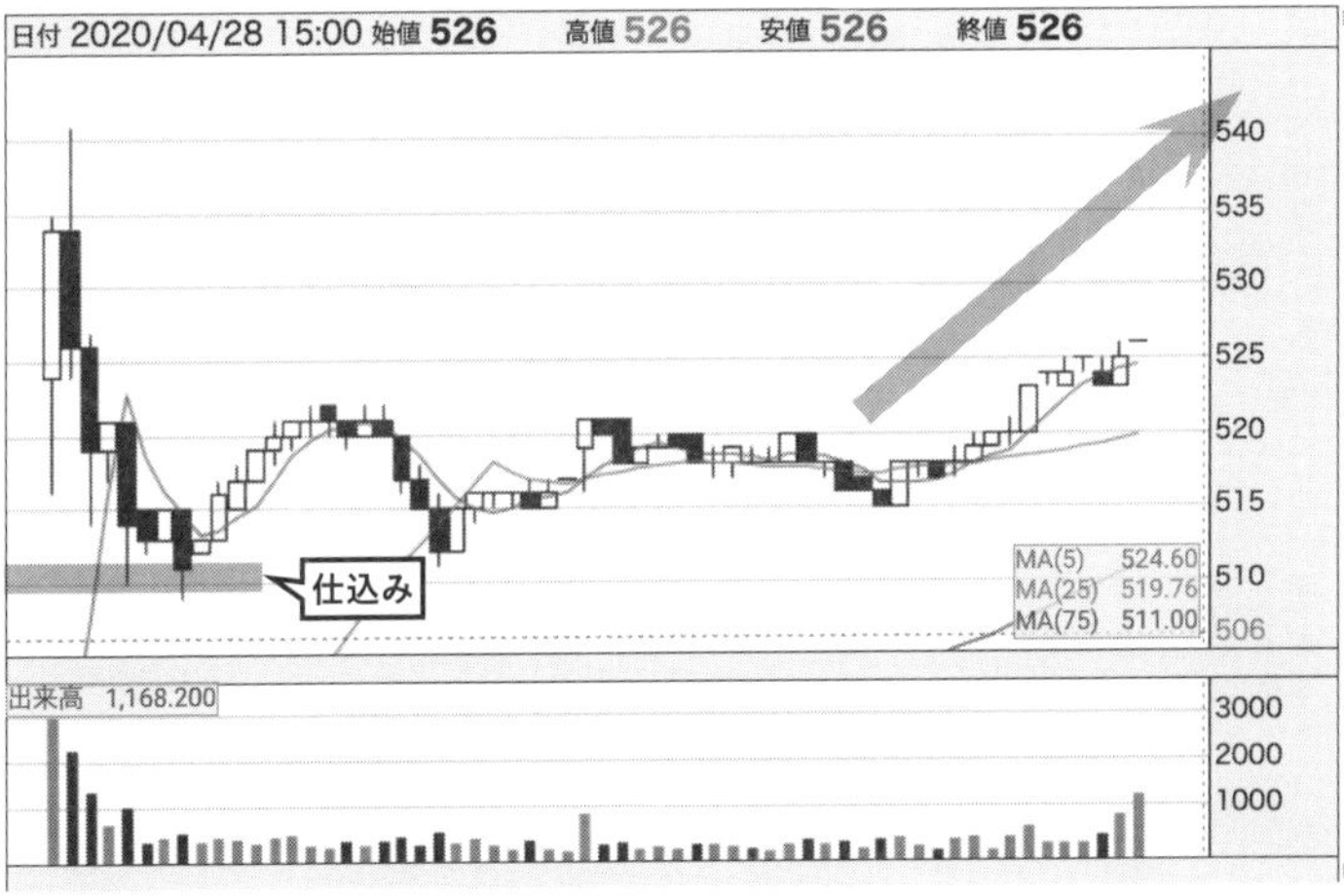

「株探」https://kabutan.jp

鬼100則 98

世界的な上げ相場では持ち越して狙う

株式市場の環境には、大きなうねりがある。悪い環境では、経済は低迷し、企業業績が悪化して、株価は低迷する。

かと思えば、「悪材料出尽くし」となり、株価が上げてくる。

長く投資をしていると、双方の環境に出くわす。悪い環境だからと、ポジションを閉じる方法もあるが、今はやりようがある。

肝心なのは、**株式市場が復活して、大本命の国際優良銘柄が上げてきた時に、その恩恵をきちんと得るトレードをする**ことだ。

6920 レーザーテック　日足

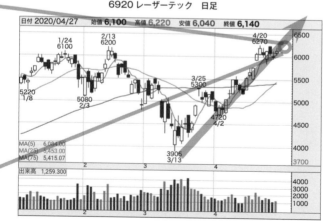

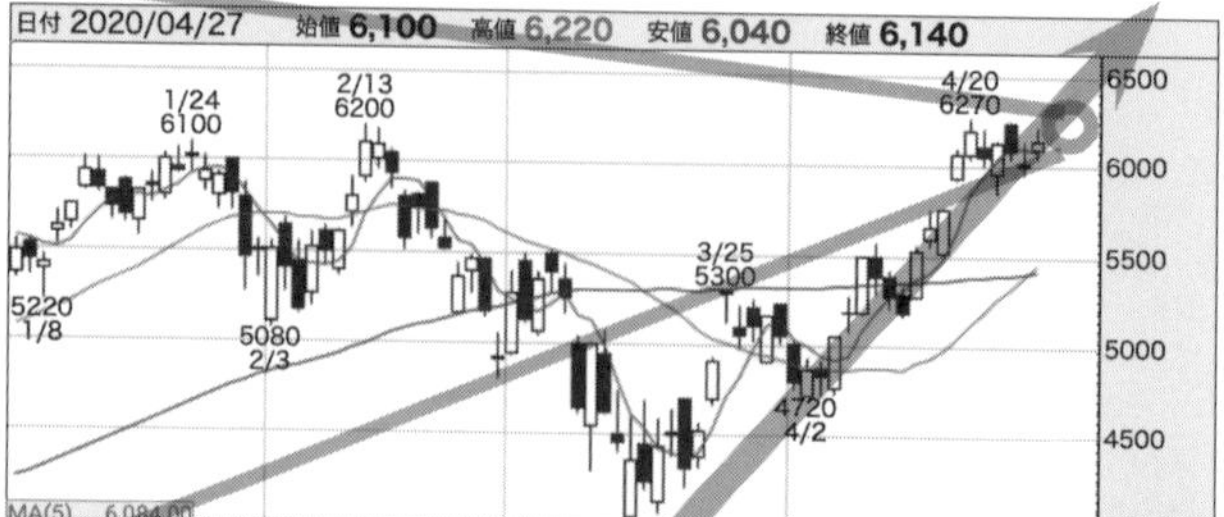

ここに挙げたチャートは、半導体関連の優良銘柄だが、日足も5分足も順調に推移しているので、利幅を取りやすい。

朝からの上げで、1回。午後の上げで、1回。合計2回取れる。

トレンドはきれいな右肩上がりになっているので、この銘柄を得意とすれば、デイトレでも、スイングでも利幅を取れる頻度が高い。

市場が上げトレンドの時は、「順張り」の投資が理想的だ。

無駄な取引をせず、押し目を買い、吹き値を売り上がる。

この方法で、資産を増やしていきたいものである。

6920 レーザーテック

「株探」https://kabutan.jp

鬼100則 99

上昇相場では「得意銘柄」に特化する

全体が「上げトレンド」に入った相場では、無駄な取引はせず、**業種をまたいで、右肩上がりの3つくらいの銘柄にスポットを当てて、押し目を買い、吹き値を売る。**

高くなった銘柄はしばらく相手にしないで、**出遅れ銘柄に照準を当てる。**

この繰り返しが良い。

それも、**輸出関連、内需関連を交互に対象にする**と良いだろう。

なぜならファンドなどは、仕掛ける銘柄を頻繁に

1973 NECネッツエスアイ　日足

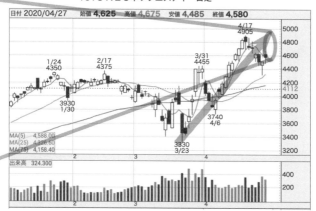

替えるからだ。

取り上げて、上げていく株価には、もっともらしい理由を付けて個人投資家を誘う。

個人投資家が高値に飛びつき、餌食になる。

この構図にハマらないことが大切だ。

自分なりの相場観を持ち、「押し目専門」の銘柄選択をして、有望株の綱渡りをする。

大勢の動きに惑わされない独自のポリシーで売買すると良いだろう。

上げトレンドの相場環境では、手を替え、品を替えて、株価の上げが見られる。

特に、業績好調銘柄には資金が集まるので、ファンダメンタルズの情報を掌握することが、成功につながる。

1973 NECネッツエスアイ

「株探」https://kabutan.jp

100 週末のポジション調整で仕込む戦法も

デイトレ対象として監視している銘柄を、週末大引け前に仕込むことで大きな利幅を得ることもできる。

ただし、これはあくまでも**人気の右肩上がりの銘柄に限定**した話であることを初めに断っておこう。

人気銘柄にも押し目がある。

週末には、政治経済の動きに不安があるから、週明けに持ち越したくはない。

相応の含み益を得たところで、利益確定しておこう。

これが週末、大引け近くの株価の大方の傾向だ。

そうした**ポジション調整の傾向を活用**するのが、賢明な仕込みの戦略である。

デイトレの投資をメインにしていても、押し目のチャンスがあれば、柔軟に「オーバーナイト」に切り替えて、来週の値上がりの果実を狙えば良いのだ。

少なくとも、私はそれで幾度となく成果を得た。もちろん見込み違いはあるが投資について回るリスクだから、受け入れて確率に賭けるしかない。人気の銘柄の上げに乗ると、高確率で押し目に遭遇するので、含み損を覚悟しなければならない。

しかし、だからこそ、いつの時点であれ、「押し目」を狙って動くことだ。

それがここでは、週末のポジション調整のタイミングと言っているが、似たような動きがあれば、いつでも構わないのは、もちろんのことである。

何度も言うが、株式投資のタイミングは、「押し目」専門である。

その先は、「上がる」確率が極めて高いわけである。

9613ＮＴＴデータ　日足

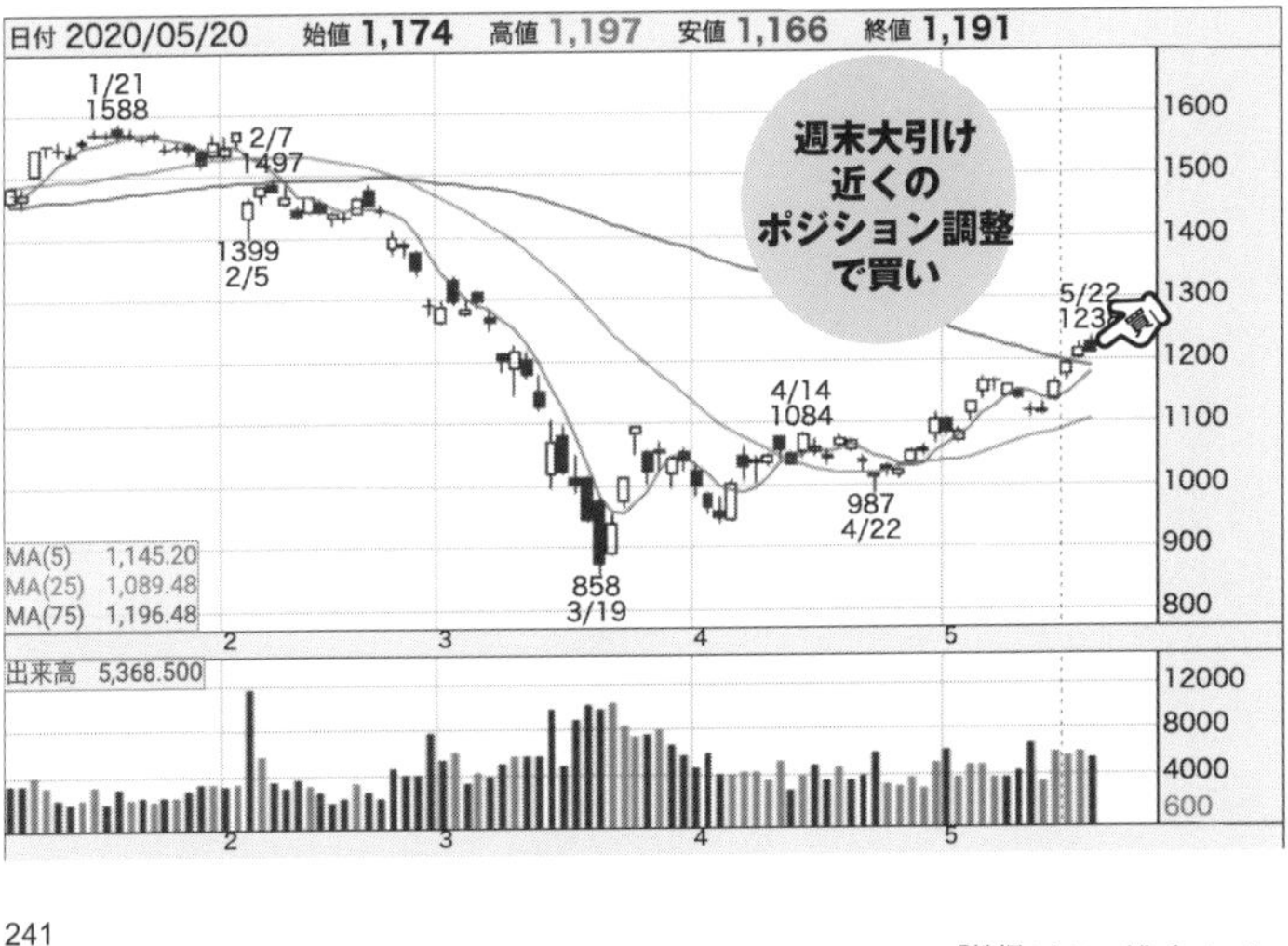

最後に…

戦いは「ベッド」の中から始まっている

トレードは、パソコンを立ち上げてからするものとは限らない。
我々が寝ていても、株価は動いている。
世界最大の市場であるＮＹ市場は寝起きの頃に終わる。
さて、プラスかマイナスか。
半導体市場はどうなっているか。
石油は。
金は。
ＶＩＸ指数は。
全てが、今朝の９時から始まる相場の背景となる。
これを知らずにデイトレに入れば、間違うこと疑いなしである。

それだけではない。
寝ているうちに世界経済はどうなったか。
地政学的なリスクは起きていないか。
トランプ大統領は何を語ったか。
知らなければならないことは山ほどある。
それを目を覚ました途端に、ベッドの中で良いからスマホで確認する。
前夜24時前に寝ていれば、ＰＴＳのデータも確認しなければならない。
種々に目を通して、ようやく朝が始まる。

株式投資は「自己責任」である。
しかも、ハイリスク・ハイリターンの投資先だ。
甘い考えではいられない。
その日に株式投資で成功するか否かは、ベッドの中から、始まっている。
人に起こされて、初めて我に返るような目覚めは、遅すぎる。
戦わずして、負けたようなものである。

情報を集め、吟味する思考は確立できているだろうか。
覚醒のためにも、本書の気になるところにもう一度目を通しておいて欲しい。
あなたの投資に、良き1日となることを祈る。

石井勝利

［著者］
石井勝利（いしい・かつとし）
早稲田大学政治経済学部卒。1939年生まれ。
宇都宮工業高校から、高卒で文化放送に就職。働きながら夜学独力で大学を出た苦労人。政党機関紙の記者を23年勤めた後、住宅、金融等の著作、評論活動で独立。明日香出版社では、『日本経済新聞を120％読みこなす法』『マンガ版 生まれてはじめて株をやる人の本』等で、10万部超のベストセラーを連発。2019年集大成として著した『株の鬼100則』がトーネッツアイ株部門で1位獲得。最近は複数のペンネームで、デイトレ対応、チャートの読み方、5分足チャート、仕手株本などを手がけ、ヒットを飛ばす。投資生活45年超、著作は300を超え、安定したファンがある。
Twitter:@kabu100rule

株「デイトレ」の鬼100則

2020年　6月27日　初版発行
2021年10月20日　第20刷発行

著　　者　石井勝利
発 行 者　石野栄一
発 行 所　明日香出版社
〒112-0005　東京都文京区水道2-11-5
電話　03-5395-7650（代表）
https://www.asuka-g.co.jp

印　　刷　株式会社文昇堂
製　　本　根本製本株式会社

　ISBN 978-4-7569-2095-9

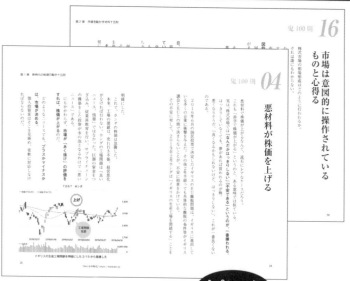

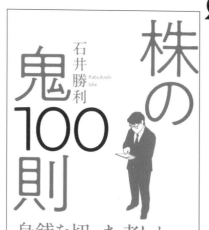